Eugen Holzner

Plato's Phaedrus und die Sophistenrede des Isokrates

Eugen Holzner

Plato's Phaedrus und die Sophistenrede des Isokrates

ISBN/EAN: 9783744679527

Hergestellt in Europa, USA, Kanada, Australien, Japan

Cover: Foto ©ninafisch / pixelio.de

Weitere Bücher finden Sie auf **www.hansebooks.com**

PRAGER STUDIEN

AUS DEM GEBIETE DER

CLASSISCHEN

ALTERTHUMSWISSENSCHAFT

HERAUSGEGEBEN

MIT UNTERSTÜTZUNG DES K. K. MINISTERIUMS
FÜR CULTUS UND UNTERRICHT

HEFT IV

PLATO'S PHAEDRUS

UND DIE

SOPHISTENREDE DES ISOKRATES

VON

DR EUGEN HOLZNER

PRAG 1894

H. DOMINICUS VERLAG

(TH. GRUSS)

PLATO'S PHAEDRUS

UND DIE

SOPHISTENREDE DES ISOKRATES

VON

DR EUGEN HOLZNER

———

Vorgelegt von Prof. Dr A. RZACH

PRAG 1894

H. DOMINICUS VERLAG

(TH. GRUSS)

Die vorliegende Abhandlung ist im Jahre 1887 entstanden und zwar mit besonderer Berücksichtigung von Usener's Hypothese über die Abfassungszeit des Phaedrus. Durch andere Arbeiten abgehalten hatte ich die ganze Frage seitdem aus dem Auge verloren und erst jüngst gieng ich wieder an eine Revision meiner Schrift indem ich zugleich über die Literatur, die seit dem Jahre 1887 hinzugewachsen war, Umschau hielt. Beide Parteien haben in dieser Zwischenzeit Succurs erhalten, sowohl diejenige, welche den Phaedrus vor die Sophistenrede rückt, als auch die, welche der letzteren die zeitliche Priorität vor dem Dialog zuerkennt. Zeller, Susemihl und Duemmler haben sich für das Erstgenannte, Siebeck, Natorp und Blass für das Zweite ausgesprochen. Mich hatte meine Untersuchung auf den Standpunkt der drei Letzteren geführt: und obzwar nun meine Argumente sich mit den von Siebeck, Natorp und Blass erzielten Resultaten in einzelnen Punkten berühren, so schien mir doch noch immer ein beträchtliches Stück Weges bis zur einwandfreien Erledigung der ganzen Frage übrig. Außerdem aber konnte ich manchen Argumenten jener Gelehrten, die zu dem auch von mir gewonnenen Ergebnisse gelangten, nicht zustimmen. Aus diesen Gründen habe ich meine Arbeit einer Veröffentlichung auch jetzt noch nicht für unwert gehalten.

Die Untersuchung über die Abfassungszeit des Phaedrus ist eine der schwierigsten im Bereiche der sogenannten ‚Platonischen Frage‘. Eine wenig zuverlässige Tradition setzt den Dialog an den Anfang der schriftstellerischen Thätigkeit Plato's, dagegen zeigt der Inhalt desselben speculative Elemente, welche in eine späte Entwicklungsstufe der platonischen Philosophie weisen: dies gilt zunächst von der Form, in der die Ideenlehre hier auftritt; besonders aber die Erörterungen über das Verhältnis der gesprochenen zur geschriebenen Rede sind in diesem Sinne gedeutet worden. Die Untersuchungen theilen sich nun in solche, die den philosophischen Inhalt zum Gegenstande haben, und in jene, die durch Heranziehung äusserer, vom Dialog gebotener Beziehungen ein festes Datum zu ergründen suchen. Je unabsehbarer der Kreis der Erörterungen der ersten Art wurde, desto lebendiger machte sich das Bedürfnis geltend, von greifbar gegebenen Beziehungen aus an die Festlegung eines Datums zu treten. Schon Schleiermacher hat in seiner berühmten Einleitung zum Phaedrus auch dieses Moment in's Auge gefasst; er war der erste, der von diesem Gesichtspunkte aus über das Verhältnis des Plato zu Isokrates handelte. Die Erörterung dieses Verhältnisses muss ihren Ausgangspunkt nehmen von jener Prophezeiung, welche am Ende des Phaedrus über Isokrates gefällt wird. Sokrates hat dort im Vorhergehenden die gesammte zeitgenössische Rhetorik in ihrer Hohlheit charakterisiert und entbietet nun dem Isokrates durch den Phaedrus

4

seinen Gruß, indem er den Isokrates ausdrücklich von
der Schaar der anderen Rhetoren lostrennt: δοκεῖ μοι
ἀμείνων ἢ κατὰ τοὺς περὶ Λυσίαν εἶναι λόγους τὰ τῆς φύσεως,
ἔτι τε ἤθει γεννικωτέρῳ κεκρᾶσθαι· ὥστε οὐδὲν ἂν γένοιτο θαυ-
μαστὸν προϊούσης τῆς ἡλικίας εἰ περὶ αὐτούς τε τοὺς λόγους,
οἷς νῦν ἐπιχειρεῖ, πλέον ἢ παίδων διενέγκοι τῶν πώποτε ἁψαμένων
λόγων, ἔτι τε εἰ ¹) αὐτῷ μὴ ἀποχρήσαι ταῦτα, ἐπὶ μείζω δή τις αὐτὸν
ἄγοι ὁρμὴ θειοτέρα· φύσει γάρ, ὦ φίλε, ἔνεστί τις φιλοσοφία τῇ
τοῦ ἀνδρὸς διανοίᾳ. ταῦτα δὴ οὖν ἐγὼ μὲν παρὰ τῶνδε τῶν θεῶν
ὡς ἐμοῖς παιδικοῖς Ἰσοκράτει ἐξαγγέλλω, σὺ δ' ἐκεῖνα ὡς σοῖς Λυσίᾳ.‘
‚Er scheint mir besser zu sein, als nach Art der Reden
des Lysias, was seine natürliche Anlage betrifft, und auch
eine edlere Mischung des Charakters zu haben, so dass
es nicht zu verwundern wäre, wenn er in vorrückendem
Alter betreffs der Reden, mit denen er sich jetzt beschäftigt, alle, welche sich je mit Reden beschäftigt haben,
weiter hinter sich zurückließe, als wenn sie Knaben
wären; oder auch: falls ihm dies nicht genügte, ihn ein
göttlicherer Trieb zu Größerem hinführte: denn ein ge-
wisser philosophischer Zug lebt von Natur aus in diesem
Manne.‘

Dieses vaticinium hat stets den Kernpunkt der ganzen Frage gebildet; man hat — wenn ich die Haupt-
punkte bezeichnen soll — einestheils aus der energischen
Betonung, welche das jugendliche Alter des Isokrates in
den Worten Plato's erfährt [Phaedrus 279 A νέος ἔτι, ὦ Φαῖδρε,
Ἰσοκράτης, ... προϊούσης τῆς ἡλικίας, 279 B. ... παιδικοῖς ...]
geschlossen, Isokrates müsse zur Zeit der Abfassung des
Dialogs thatsächlich jung gewesen sein; andererseits hat
man dies bestritten mit dem Einwande, Plato habe dadurch, dass er Sokrates sprechen lasse, ein Recht gehabt
zu jener Rückversetzung des zur Zeit der Abfassung des
Phaedrus in Wirklichkeit an Jahren schon gereiften Iso-

¹) Die Vulgata hat ἔτι τε εἰ. Spengel hat bekanntlich εἴτε εἰ
vorgeschlagen und weitgehenden Unterschied des Sinnes an diese
D.fferenz knüpfen wollen. (Vgl. Blass a. a. O. p. 31, Susemihl,
De Platonis Phaedro. Ind. Gryph. 1887 p. XI.) Für unsere
Untersuchung ist die Frage nicht von Belang.

krates[2]). So wurden zwei verschiedene Anschauungswei-
sen gegen einander in's Feld geführt, ohne dass der
Gang der Untersuchung hiedurch gefördert wurde. Bei
vorurtheilsfreier Betrachtung kann Eines nicht zweifelhaft sein: dass in jenen Worten Plato dem Isokrates
wirklich Lob ertheilt; hiedurch gewinnt die Prophetie
literarische Bedeutung; denn man muss sie mit der Thatsache zusammenhalten, dass Plato und Isokrates in ausgesprochen feindseligem Verhältnisse gestanden sind[3]);
hiemit ist der Untersuchung der Weg vorgezeichnet, denn
es handelt sich nun darum, in den Schriften Beider das
Zeugnis für jene ehemalige geistige Übereinstimmung zu
suchen. Da wir uns nun, was die platonischen Werke
betrifft, auf keine zuverlässigen Daten berufen können,
so wenden wir uns zu Isokrates, dessen Entwicklung in
ihren Hauptzügen klar vor uns liegt; es handelt sich also
darum diejenige Schrift zu ermitteln, welche Plato zu den
in der Prophetie ausgesprochenen Hoffnungen berechtigen
konnte. (Freilich muss in letzter Linie die Möglichkeit
zugegeben werden, dass die Schrift, auf die sich Plato
bezieht, verloren gegangen ist.) Isokrates ist zuerst Redenschreiber, das heißt: er verfasst für Bezahlung Anderer
Reden zum gerichtlichen Gebrauche. Was uns aus jener
Thätigkeit des Redners übrig ist, fällt etwa in die Jahre 403
bis 390. Um diese Zeit gibt Isokrates den Beruf des
λογογράφος auf und wendet sich dem Unterricht in der
Rhetorik zu. Dass die Gerichtsreden des Isokrates das
Lob Plato's nicht herausfordern konnten, ist zweifellos;
denn gerade im Phaedrus hatte Plato die Rhetorik in
ihrer Verwendung vor Gericht verdammt, konnte also
am Schlusse desselben Dialogs einem Redner nicht eben
wegen der Beschäftigung mit diesem genus dicendi Lob
ertheilen [λόγους, οἷς νῦν ἐπιχειρεῖ]. Isokrates wird aber gerade

---

2) So schon Cicero an der bekannten Stelle: haec de ado-
lescente Socrates auguratur, at ea de seniore scribit Plato.
3) Vgl. Sauppe in der Ztschr. f. d. Altw. 1835 p. 401 ff.,
Blass, Att. Bereds. II 28.

wegen seiner Reden dem Lysias vorgezogen: konnte sich
Plato überhaupt mit der Verwendung der Rhetorik vor
Gericht einverstanden erklären, so hätte er im γένος δικανικόν niemals den Isokrates vor den Lysias stellen können;
denn alles das, um dessentwillen ihm die Reden des Lysias verwerflich erscheinen, hat für des Isokrates Gerichtsreden die gleiche, wenn nicht noch höhere Geltung. So
gelangen wir denn — dem Entwicklungsgange des Isokrates folgend — zur Rede gegen die Sophisten.
Schon der Titel, der, wie wir sehen werden, für die Tendenz der Rede nicht von vornherein entscheidend sein
muss, — kann an eine Gesinnungsgemeinschaft mit Plato
mahnen. Aber der Inhalt der Rede selbst lässt darüber,
dass sie mit platonischem Geiste Gemeinsames enthält,
keinen Zweifel, und zwar zeigt sie in Wort und Gedanken auf den Phaedrus hin. Für den Fall nun, dass sich
Plato Gedanken des Isokrates aneignet, werden wir es
um so begreiflicher finden, dass er am Schlusse derjeni-
gen Schrift über Isokrates Rühmliches zu sagen sucht,
in deren Verlauf er mit ihm in geistige Berührung trat.
Die Rede gegen die Sophisten zerfällt in drei
streng gesonderte Theile; der erste ist gegen Leute gerichtet, welche Isokrates mit dem Titel περὶ τὰς ἔριδας
διατρίβοντες belegt; von ihnen wird später die Rede sein;
der dritte wendet sich gegen die zur Zeit des Isokrates
schon verstorbenen Verfasser von theoretischen Lehrbüchern der Rhetorik (τέχναι); der zweite zieht gegen
die Lehrer der λόγοι πολιτικοί zu Felde, also gegen solche,
welche die Fertigkeit in der Behandlung der Fragen des
öffentlichen Lebens lehren. Diese an zweiter Stelle ge-
nannten sind die eigentlichen Concurrenten des Redners
und auf sie verlegt er denn auch dem Schwerpunkt seiner Polemik. Isokrates tritt ihnen mit dem Vorwurf entgegen, dass sie in den ihren Schülern gemachten Versprechungen sich Übertreibungen zu Schulden kommen
lassen; sie versprachen nämlich ihren Schülern, sie zu
vollkommenen Rednern zu machen, an dem Erfolge aber
wollten sie weder den Fähigkeiten des Schülers, noch

auch der Übung einen Antheil gewähren, sondern einzig und allein der von ihnen gelehrten *ἐπιστήμη*. Diese *ἐπιστήμη* versprechen sie so wie die *γράμματα* ihren Schülern beizubringen. Isokrates macht sie auf das Unrichtige ihrer Zusagen aufmerksam; die *γράμματα* seien ein festes mechanisches System (*τέχνη τεταγμένη*), das aber, was s i e lehren, eine Kunst des freien geistigen Schaffens (*ποιητικὸν πρᾶγμα*). Es ist längst erkannt, gegen wen die Angriffe des Isokrates gerichtet sind: die Schüler und Nachfolger des Gorgias sind es, welche eine Anzahl von *εἴδη λόγων* zusammenstellten und ihren Unterricht darauf beschränkten, den Schülern diese einzuprägen. Nachdem Isokrates aus dem Wesen der Rhetorik — wie e r sie versteht — den Gegnern das Unpassende ihrer Versprechungen erwiesen hat, geht er an die Darlegung seiner eigenen Ansichten. Er sagt, Viele, die Unterricht in der Rhetorik genossen hätten, seien Laien geblieben; andere seien ohne systematischen Unterricht vortreffliche Redner geworden; denn es komme zunächst auf die Befähigung an; diese sei entweder angeboren oder sie könne durch Übung erworben werden: dem systematischen Unterrichte sei aber im Ganzen wenig Bedeutung beizulegen; denn die Kenntnis der *εἴδη*, der Elemente der Reden — und in der Beibringung dieser bestehe ja der Unterricht Jener —, sich anzueignen, sei unter richtiger Anleitung nicht schwer: aber die zutreffende Anwendung und Anordnung der *εἴδη* im Einzelfalle, die richtige Wahl der *καιροί*, die passende äußere Ausschmückung der Rede nicht zu verfehlen — dazu gehöre ein guter Kopf und Übung; und daher sei es nöthig, dass der Schüler begabt sei, den Stoff beherrsche, in der Verwendung desselben geübt sei, der Lehrer sich aber nach allen Richtungen hin als vollkommenes Vorbild erweise. Also — wenn wir von den an den Lehrer gestellten Forderungen absehen — Begabung, Kenntnis des Stoffes und Geübtheit verlangt Isokrates vom Schüler. Soll sich der Unterricht erfolgreich gestalten, so dürfe von diesen Vorbedingungen nichts fehlen: § 18 *καθ' ὃ δ' ἄν ἐλλειφθῇ τι τῶν εἰρη*

8

μένων, ἀνάγκη ταύτῃ χεῖρον διακεῖσθαι τοὺς πλη-
σιάζοντας.

Leonhard Spengel in seiner Abhandlung ‚Isokrates
und Platon‘ hat zuerst[4]) darauf hingewiesen, dass im
Phaedrus Sokrates in ähnlicher Weise dieselben Forderungen an den Rhetor ausspreche: Phaedr. 269 D εἰ μέν
σοι φύσει ὑπάρχει ῥητορικῷ εἶναι, ἔσει ῥήτωρ ἐλλόγιμος προσλαβὼν
ἐπιστήμην τε καὶ μελέτην; also auch er verlangt Begabung,
ἐπιστήμη und Übung; dann fährt auch er fort: ὅτου δ' ἂν
ἐλλίπῃς τούτων, ταύτῃ ἀτελὴς ἔσει. Spengel selbst war
nun nicht geneigt, aus dem Verhältnis der beiden Stellen
irgend welche Schlüsse auf die Abfassungszeit des Phaedrus zu ziehen. Er stellte eine absichtliche Entlehnung
geradezu in Abrede und wollte die Übereinstimmung auf
eine gemeinsame Quelle zurückgeführt wissen[5]). Nach
ihm aber ist man von der Ansicht, dass eine bewusste
gegenseitige Bezugnahme vorliege, nicht mehr abgegan-
gen, zumal im Hinblick auf jenen oben citierten, rein
äußerlichen Zusatz, in welchem die unerlässliche Zusam-
mengehörigkeit der einen Redner vervollkommnenden
Eigenschaften ausgesprochen wird. Was aber im Einzelnen über das Verhältnis der beiden Stellen gesagt wurde,
gieng oft über allgemein gehaltene Erwägungen nicht
hinaus; so wenn man behauptete, Isokrates könne jenen
Gedanken von den drei Eigenschaften des Redners, der
in seinen Reden so oft wiederkehre, nicht anderswoher
entlehnt haben. Ferner ergab sich noch folgendes Verhältnis
der Anschauungen hierüber. Die Einen, die aus allen
möglichen Gründen den Phaedrus der Zeit nach auf die
Sophistenrede folgen ließen, schlossen aus dem Umstande,
dass Plato den Satz nur berühre, Isokrates ihn eingehend
behandle, Plato weise auf den von Isokrates schon eingehend dargelegten Gedanken wie auf etwas Bekanntes

---

[4]) Abhandlungen der Bayerischen Akademie VII 1855 p.
720 (nicht Reinhardt, wie Blass a. a. O. p. 30 behauptet).
[5]) Vgl. Bergk, Fünf Abhandlungen p. 32.

hin [6]); diejenigen, welche die Rede nach dem Dialoge
ansetzten, behaupteten, Isokrates erweitere den von Plato
nur hingeworfenen Gedanken [7]). In neuerer Zeit hat Usener [8]) in seinem berühmt gewordenen Aufsatze ‚Abfassungszeit des Platonischen Phaedrus‘ die beiden Partien
wiederum verglichen; er behauptet, ‚in der Rede gegen
die Sophisten findet sich eine deutliche, zum Theil wört-
liche Entlehnung aus dem Phaedrus‘. Usener hat es unterlassen, das von ihm angesetzte Verhältnis aus den Stellen
selbst als das einzig mögliche zu erweisen. Eingehend
versuchte nach ihm eine Analyse der beiden Stellen
Zycha [9]. Derselbe weist zunächst darauf hin, dass mit
jenem Absatze am Schlusse von § 18 der Sophistenrede
nicht e i n e, sondern z w e i Stellen des Plato in Beziehung
gesetzt seien. Außer 269 D (vgl. die oben schon citirte
Stelle) auch 272 B ἀλλ' ὅ τι ἂν αὐτῶν τις ἐλλείπῃ
λέγων ἢ διδάσκων ἢ γράφων, ᾧ ᾖ δὲ τέχνῃ λέγειν, ὁ μὴ
πειθόμενος κρατεῖ. Dies erklärt Zycha nun folgender-
maßen: Plato und Isokrates behandeln denselben Stoff;
beide sprechen von dem vollendeten Redner, aber jeder
auf bedeutsam andere Weise. Plato trenne genau zwischen
Forderungen, welche an einen vollendeten R e d n e r gestellt werden, und jenen, welche an die Rhetorik als
K u n s t gerichtet seien: vom vollendeten Redner verlange
Plato 269 D eben dasselbe, was Isokrates im § 14; aber
mit den Worten 269 D ὅσον δὲ αὐτοῦ τέχνῃ κ. τ. λ. weise
er auf die Kunst hin, von der bisher noch nicht die Rede
gewesen sei. Diese werde von Plato in 271 D bis 272 B
besprochen. Isokrates confundire das; in § 14 und 15
spreche auch er von den Bedingungen, unter welchen
jemand ein vollendeter Redner werden könne; dagegen
bringe er in der Erörterung des Unterrichtes (§ 16—18),

---

[6]) Überweg, Philologus XXVII p. 177.
[7]) Reinhardt, de Isocratis aemulis Diss. Bonn. 1873 p. 29.
[8]) Rhein. Mus. XXXI p. 121.
[9]) Bemerkungen zu den Anspielungen und Beziehungen in
der XIII. und X. Rede des Isokrates. Wien, Progr. des Leopold-
städter Gymnasiums von 1880.

welche der Platonischen Auseinandersetzung über die τέχνη entspräche, die schon vorher erwähnten drei Grundbedingungen wieder. Hätte der Phaedrus ihm vorgelegen, so hätte er es an der erforderlichen Deutlichkeit nicht fehlen lassen und das Zusammengehörige zusammengestellt. Es sei daher **nicht** mit Usener zu vergleichen:

Phaedr. 269 D	Isokr. § 17
τὸ μὲν δύνασθαι, ὦ Φαῖδρε, ὥστε ἀγωνιστὴν τέλεον γενέσθαι, εἰκὸς ἴσως δὲ καὶ ἀναγκαῖον ἔχειν ὥσπερ τἆλλα· εἰ μέν σοι ὑπάρχει φύσει ῥητορικῷ γενέσθαι, ἔσει ῥήτωρ ἐλλόγιμος προσλαβὼν ἐπιστήμην τε καὶ μελέτην.	δεῖν τὸν μὲν μαθητὴν πρὸς τῷ τὴν φύσιν ἔχειν οἵαν χρὴ τὰ μὲν εἴδη τὰ τῶν λόγων μαθεῖν, περὶ δὲ τὰς χρήσεις αὐτῶν γυμνασθῆναι . . . .
ὅτου δ᾽ ἂν ἐλλίπῃς τούτων, ταύτῃ ἀτελὴς ἔσει.	καὶ τούτων μὲν ἁπάντων συμπεσόντων τελείως ἕξουσιν οἱ φιλοσοφοῦντες· καθ᾽ ὃ δ᾽ ἂν ἐλλειφθῇ τι τῶν εἰρημένων, ἀνάγκη ταύτῃ χεῖρον διακεῖσθαι τοὺς πλησιάζοντας

sondern vielmehr:

§ 14—16	269 D
αἱ μὲν γὰρ δυνάμεις καὶ τῶν λόγων καὶ τῶν ἄλλων ἔργων ἁπάντων ἐν τοῖς εὐφυέσιν ἐγγίγνονται καὶ τοῖς περὶ τὰς ἐμπειρίας γεγυμνασμένοις· ἡ δὲ παίδευσις	τὸ μὲν δύνασθαι, ὦ Φαῖδρε, ὥστε ἀγωνιστὴν τέλειον γενέσθαι εἰκὸς ἴσως· δὲ καὶ ἀναγκαῖον ἔχειν ὥσπερ τἆλλα· εἰ μέν σοι ὑπάρχει φύσει ῥητορικῷ εἶναι, ἔσει ῥήτωρ ἐλλόγιμος προσλαβὼν ἐπιστήμην τε καὶ μελέτην. ὅτου δ᾽ ἂν ἐλλίπῃς τούτων, ταύτῃ ἀτελὴς ἔσει·

und im Weiteren

§ 16—19	271 D — 272 B
Βούλομαι	Ἐπειδὴ λόγου δύναμις
καθ᾽ ὃ δ᾽ ἂν ἐλλειφθῇ τι τῶν εἰρημένων, ἀνάγκη ταύτῃ χεῖρον διακεῖσθαι τοὺς πλησιάζοντας	ἀλλ᾽ ὅ τι ἂν αὐτῶν τις ἐλλείπῃ λέγων ἢ διδάσκων ἢ γράφων, φῇ δὲ τέχνῃ λέγειν, ὁ μὴ πειθόμενος κρατεῖ.

Diese strenge Scheidung erweise sich als nothwendig; denn Plato könne in Bezug auf die an einen Redner zu stellenden Forderungen mit Isokrates übereinstimmen, n i c h t aber bezüglich der τέχνη. Zycha zeigt nun, dass sie thatsächlich im ersten der beiden Punkte übereinstimmen, bezüglich der τέχνη aber ergebe sich die für beide charakteristische Differenz, dass Plato die Rhetorik vor Allem auf Dialektik und Psychologie und erst dann auf die äußere Technik gründe, Isokrates aber nur die letztere kenne. Jenes oben erwähnte Gleichlauten der Absätze [Isokrates § 18 Schluss mit Phaedrus 269 D und 272 B] sei so zu erklären: Plato setze 269 D, wo er mit Isokrates übereinstimme, d e s s e n Worte unter s e i n e eigenen Ausführungen, um so dem Isokrates seine Zustimmung zu erweisen; nachdem er aber die K u n s t theorie aufgestellt, wende sich nun das ἀλλ' ὅτι ἄν .. ἐλλείπῃ polemisch g e g e n Isokrates selbst.

Die Auseinandersetzungen Zycha's haben mit Recht Aufmerksamkeit erweckt; aber das Richtige in ihnen wurde verkannt, das Unrichtige nicht als solches festgestellt [10]. Außer Blass, der (Burs. Jahresb. XXX) Zycha vollinhaltlich zustimmte, haben besonders Klett (Phil. Rundschau 1881) und Susemihl (Phil. Anz. 1881) ausführlich Zycha's Ansichten behandelt. Klett macht Zycha mit Recht den Vorwurf, seine Trennung von Forderungen an den Redner von solchen an die Kunst sei falsch; denn jene Worte, welche Zycha auf den Redner beziehe τὸ μὲν δύνασθαι . . . 269 D seien Antwort auf des Phaedrus Frage nach der Kunst (ἀλλὰ δὴ τὴν τοῦ τῷ ὄντι ῥητορικοῦ τε καὶ πιθανοῦ τέχνην πῶς καὶ πόθεν ἄν τις δύναιτο πορίσασθαι;), dort aber, wo nach Zycha's Meinung die Ausführungen über die τέχνη stünden, sei gerade vom Rhetor die Rede (272 B ἀλλ' ὅ τι ἄν αὐτῶν τις ἐλλείπῃ λέγων ἢ διδάσκων κ. τ. λ.) Demnach müsste, wenn überhaupt, eine Confusion nicht bloß

---

[10] Siebeck (Untersuchungen zur Phil. d. Gr. 2. Aufl. 1888 p. 131) scheint dies von Zycha eruirte Verhältnis der beiden Stellen nicht zu kennen und vergleicht wieder eben so wie Usener: Phaedr. 269 D und Isokr. § 17.

bei Isokrates, sondern, was unvergleichlich schwerer ins
Gewicht fiele, bei Plato stattfinden. Die Richtigkeit dieses
von Klett erhobenen Einwurfes ist nicht zu bestreiten:
Klett hätte aber Zycha entgegnen sollen, dass e i n e
Trennung von Forderungen an den vollendeten
Redner von solchen an die Kunst an und für
sich widersinnig sei, weil ja die Kunst in und durch
den vollendeten Redner in die Erscheinung tritt.

Wie sich aber die Sache in Wirklichkeit verhält,
wird eine eingehende Analyse der Stellen uns zeigen:

Sokrates legt in den früheren Theilen des Phaedrus
bis zu 266 C die Nothwendigkeit dar, die Dialektik zur
Grundlage der Rhetorik zu machen. Phaedrus, der das
nur schwer begreift, fragt: τὸ δὲ ῥητορικὸν δοκεῖ μοι φυγεῖν
ἔθ᾽ ἡμᾶς: er versteht unter Rhetorik jene äußerlichen
mechanischen Elemente, welche den Kern der zeitgenös-
sischen Redekunst bildeten. Sokrates ergeht sich nun in
einer ausführlichen Schilderung dieses rein formellen
Wissens und zeigt die relative Wertlosigkeit desselben an
folgenden Beispielen: So wie einer, der alle Arzneien
kenne, noch lange kein Arzt sei, weil er ihre Anwendung nicht verstehe, so wie ein Versifex noch kein Dichter
sei . . . so verhalte es sich auch mit den ῥήτορες, sie ver-
stünden sich auf das Handwerkszeug der Rede — sie be-
herrschten τὰ πρὸ τῆς τέχνης so wie jene τὰ πρὸ τῆς ἰατρικῆς ἀλλ᾽ οὐ τὰ ἰατρικά . . . Phaedrus sieht dies ein (καὶ ἔμοιγε
δοκεῖς ἀληθῆ εἰρηκέναι), aber er fragt nun nach der eigentlichen Rhetorik und wie man sich sie verschaffen könne:
269 D ἀλλὰ δὴ τὴν τοῦ τῷ ὄντι ῥητορικοῦ τε καὶ πιθανοῦ τέχνην
πῶς καὶ πόθεν ἄν τις δύναιτο πορίσασθαι; Sokrates entnimmt
der Frage des Phaedrus die auf das Individuum statt-
findende Beziehung: auf das πῶς ἄν τις δύναιτο antwortet
er mit τὸ μὲν δύνασθαι, und charakterisirt nun den ῥήτωρ
mit den Worten τὸ μὲν οὖν δύνασθαι bis ἀτελής ἔσει. Durch den
Satz ὅσον δὲ αὐτοῦ τέχνη, οὐχ ᾗ Λυσίας τε καὶ Θρασύμαχος πορεύεται, δοκεῖ μοι φαίνεσθαι ἡ μέθοδος zeigt er nun aber, d a s s
der bis jetzt geschilderte Redner nicht auf
dem Wege der Kunst begriffen sei. Auf die Frage
des Phaedrus hin begründet nun Sokrates die Rhetorik

als Kunst auf die Psychologie. Wie der Arzt nicht bloß die Arzneien, sondern auch die Körper kennen müsse und das Verhältnis der Körpertheile zu den Arzneien, so müsse der Redner das Wesen und die Arten der Seelen kennen; dies sei die erste Forderung, dann käme in zweiter Reihe die Kenntnis der Arten der Reden und nun müsse er lernen, die Arten der Reden auf die der Seelen zu beziehen. Dann erst käme die ganze von den Rhetoren gelehrte äußere Technik; wenn das alles erfüllt sei, dann καλῶς τε καὶ τελέως ἐστὶν ἡ τέχνη ἀπειργασμένη, πρότερον δ' οὔ · ἀλλ' ὅ τι ἄν αὐτῶν τις ἐλλείπῃ λέγων ἢ διδάσκων ἢ γράφων, φῇ δὲ τέχνῃ λέγειν, ὁ μὴ πειθόμενος κρατεῖ.

Überblicken wir die Platonischen Erörterungen, so muss Eines uns nun klar werden, was bisher noch nicht klar genug erkannt wurde: Nicht Forderungen an den Redner werden von Forderungen an die Kunst — wie Zycha will — unterschieden, sondern es wird von zwei grundverschiedenen Rednern gehandelt.

Den Ersten von Beiden machen Talent, Übung und ἐπιστήμη zum Redner (269 D); der zweite ist derjenige, welcher nach der in 269 D noch vermissten τέχνη gebildet wird. Nur bei dem Ersten ist von Talent und Übung die Rede; das Wesen des Zweiten ist ganz und gar auf das Wissen gegründet; der erste, ein ,Naturredner', kann des Eindruckes auf Andere nicht verfehlen, wenn jene drei Bedingungen bei ihm eintreffen, — der zweite aber nur besitzt die τέχνη.

Man hat aber diese für das Verhältnis der Sophistenrede zum Phaedrus entscheidende Trennung der beiden Rednertypen deshalb bisher nicht erkannt, weil man die Bedeutung des Wortes ἐπιστήμη in 269 D misverstand. Man hat schon in 269 D unter ἐπιστήμη jene Wissenschaft, τέχνη, verstanden, die erst den zweiten Redner begründet. In seiner Recension der Zycha'schen Arbeit widersetzte sich Susemihl dem von Zycha zwischen Forderungen an den Redner und Forderungen an die Kunst aufgestellten Unterschiede — den ja auch wir als nicht vorhanden erwiesen — mit dem Argumente: ‚Was nach Plato die τέχνη begründe, sei selbst eine jener drei in 269 D an den vollendeten Redner gestellten Bedingungen.‘ In προσλαβὼν ἐπιστήμην steckt also nach Susemihl's Ansicht schon die τέχνη. Ebenso behauptete Klett a. a. O., Plato gebe 269 D erst die allgemeinen Eigenschaften, die den Rhetor machen, φύσις und τέχνη, und erkläre dann die Letztere. Dies Alles ist meines Erachtens falsch. Wäre ἐπιστήμη in 269 D schon jene später erwähnte Dialektik und Psychologie, so wäre es unbegreiflich, dass Plato mit den Worten ὅσον δὲ αὐτοῦ τέχνη . . . diesem Redner ausdrücklich die Theilnahme an der Kunst abspricht. Aber Plato zeigt ja, wie ich glaube, deutlich genug, was er unter ἐπιστήμη versteht: das mechanische Handwerkszeug der Rhetorik. Vergleichen wir nur die Beispiele, welche das über die Rhetorik Gesagte einleiten helfen: 268 B sagt der zu Eryximachus kommende Dilettant: ὅτι ἐγὼ ἐπίσταμαι τοιαῦτ' ἄττα σώμασι προσφέρειν . . dann im Weiteren: καὶ ἐπιστάμενος αὐτὰ ἀξιῶ ἰατρικὸς εἶναι καὶ ἄλλον ποιεῖν, ᾧ ἂν τὴν τούτων ἐπιστήμην παραδῶ. (Ironisirend heißt es dann εἰ προσεπίστανται καὶ οὕστινας δεῖ καὶ ὁπότε ἕκαστα τούτων ποιεῖν καὶ μέχρι ὁπόσον, ironisirend insofern ja gerade das als Inhalt des προσ ἐπίστασθαι Angegebene sich später als das Hauptsächliche — die dialektisch-psychologische Methode — entpuppt.) Bei dem Beispiel, das den Versifex vorführt, heißt es dann wiederum von dem Dilettanten, er behaupte, ὡς ἐπίσταται περὶ σμικροῦ πράγματος ῥήσεις παμμήκεις ποιεῖν καὶ περὶ μεγάλου πάνυ σμικράς, ferner von dem Pseudo-Musiker, ὅτι δὴ τυγχάνει ἐπιστάμενος ὡς οἷόντε ὀξυτάτην καὶ βαρυτάτην χορδὴν ποιεῖν. Bezeichnender Weise wird diese ἐπιστήμη mit voller Geringschätzung dann charakterisirt in dem Satze: ἀνάγκη μὲν καὶ ταῦτ' (nämlich dieses Mechanische, ἐπιστήμη) ἐπίστασθαι τὸν μέλλοντα ἁρμονικὸν ἔσεσθαι, οὐδὲν μὴν κωλύει μηδὲ σμικρὸν ἁρμονίας ἐπαΐειν τὸν τὴν σὴν ἕξιν ἔχοντα. τὰ γὰρ πρὸ ἁρμονίας ἀναγκαῖα μαθήματα ἐπίστασαι, ἀλλ' οὐ τὰ ἁρμονικά.

Entsprechend dann 269 A τὰ πρὸ τραγῳδίας, ἀλλ᾽ οὐ τὰ
τραγικά und τὰ πρὸ ἰατρικῆς, ἀλλ᾽ οὐ τὰ ἰατρικά.

Deutlich also wird das Wort ἐπίστασθαι und ἐπιστήμη
zur Charakterisirung Jener verwendet, welche die mechanischen Elemente aller der als Beispiel
verwendeten Künste sich zu eigen gemacht
haben — τὰ πρὸ τῆς τέχνης. Betrachten wir ferner Folgendes: vom ἀγωνιστής wird 269 D zunächst φύσις verlangt,
hieran wird das nächste angeschlossen mit προσλαβὼν
ἐπιστήμην. In 272 B heißt es, nachdem bezüglich des
wahren Künstlers die dialektisch-psychologischen Anfor-
derungen begründet wurden, wiederum προσλαβόντι καιροὺς τοῦ πότε λεκτέον καὶ ἐπισχετέον, βραχυλογίας τε αὖ καὶ ἐλεεινολογίας. . . . Wie das zweimal an der parallelen Stelle
erscheinende προσλαβών zeigt, entsprechen 272 B die
καιροὶ τοῦ πότε λεκτέον κ. τ. λ. dem ἐπιστήμην in
269 D [11]).

---

[11]) Dieses Verhältuis von ἐπιστήμη zu τέχνη bat also Susemihl gänzlich verkannt. Schon in den oben citirten Worten
aus seiner Recension der Zycha'schen Schrift behauptet er: was
nach Plato die Rhetorik zur Kunst macht, ist ja selbst eine jener
drei Bedingungen oder vielmehr Ursachen, nämlich die Wissenschaft, einerseits die Dialektik (nämlich Sachkenntnis 259 C bis
263 E und logische Ordnung 263 E bis 266 C), andererseits
die psychologische Einsicht (269 E bis 272 B), wozu dann als
blosse unentbehrliche Vor- und Nebenkenntnisse das in den rhetorischen Büchern Abgehandelte kommt (266 C bis 269 D).
In seiner 1887 erschienenen Abhandlung ‚De Platonis
Phaedro et Isocratis contra sophistas oratione dissertatio (Index
schol. Gryphiswald.) geht er nochmals, aber nicht glücklicher an die
Fixirung des Verhältnisses von ἐπιστήμη und τέχνη an jener platonischen Stelle. Es sei gestattet, die ganze diesbezügliche De-
duktion Susemihl's hier beizufügen: p. X.‘ Nolite igitur mirari
commilitones, quod verbis proxime sequentibus iam supra citatis,
quibus definitur, quomodo tandem aliquis fiat verus orator 269 D
εἰ μέν σοι ὑπάρχει φύσει ῥητορικῷ εἶναι, ἔσει ῥήτωρ ἐλλόγιμος προσλαβὼν
ἐπιστήμην τε καὶ μελέτην· ὅτου δ᾽ ἂν ἐλλίπῃς τούτων, ταύτῃ ἀτελὴς ἔσει
adiciuntur haec: ὅσον δὲ αὐτοῦ τέχνη, οὐχ ᾗ Λυσίας τε καὶ Θρασύμαχος πορεύεται, δοκεῖ μοι φαίνεσθαι ἡ μέθοδος. Non enim oblivisceu-
dum est e Platonis sententia scientiam (ἐπιστήμην) sola dia-
lectica sive idearum doctrina, hoc est, ut nostris

Gehen wir nun zu den Erörterungen des Isokrates über, so zeigt es sich, dass der von ihm geschilderte Redner ganz und gar jener erste Redner des Plato ist. Wie bei Plato muss auch bei Isokrates der Redner φύσις μελέτη und ἐπιστήμη besitzen. Die ἐπιστήμη bei Isokrates (§ 16 τῶν μὲν ἰδεῶν ... ἐπιστήμην) entspricht genau jenem, wie wir sahen, bei Plato immer und immer wiederholten ἐπίστασθαι. Isokrates kennt ja nur das Wissen von den εἴδη λόγων, von dem Wissen von den εἴδη ψυχῶν hat er keine Ahnung, vgl. Plato 271 B τὰ λόγων τε καὶ ψυχῆς γίνη, 271 D εἰδέναι ψυχῇ ὅσα εἴδη ἔχει ... λόγων αὖ τόσα καὶ τόσα ἐστιν εἴδη, 272 A ὅσ᾿ ἄν εἴδη μάθῃ λόγων. Isokrates utamur terminis technicis, sola logica et metaphysica contineri, ut plane idem sit philosophus atquo dialecticus. Ut vero dialecticus fiat etiam rhetoricus, ex pura hac scientia descendendum ei est ad dialecticam physices parti psychologicae applicatam, ad scientiam divisionis in animorum et orationum generibus distinguendis a'que his ad illa adaptandis adhibitam, quoniam ars inventionis et dispositionis oratoriae non solum e rebus tractandis pendet, verum etiam e personis audientium. 269 D —271 D. Et ne huius quidem theoriae applicatae praecepta generalia sufficiunt, immo sollerter eis moderandum est secundum singula, ut a rectis illis opinionibus e scientia profectis etiam magis descendendum sit ad perceptiones atque iudicia sensus externi et interni (δεῖ δὴ ταῦτα .... πειθώ 271 D — 272 A) et tunc demum etiam recti momenti accedit observatio (εὐκαιρίας) et omnia illa, quae πρὸ τῆς τέχνης sunt. 272 A B. A scientia igitur ad artem, ab arte ad exercitationem transeundum est; illud enim διαιοθάνεσθαι δύνασθαι et εὐκαιρίαν τε καὶ ἀκαιρίαν διαγιγνώσκειν (272 A) non sine experientia et exercitatione comparari posse ut nobis ita procul dubio etiam Platoni videtur. Quae cum ita sint, ut ad 269 D redeamus, tam **ambigue** ibi loquitur philosophus, quia τέχνη opposita φύσει quodammodo ἐπιστήμην, quatenus inest in arte rhetorica, et μελέτην comprehendit, quodammodo tamquam quartum quid ad tria illa φύσιν, ἐπιστήμην, μελέτην adiungitur.'

Ist die von mir für ἐπιστήμη gegebene Erklärung richtig, dann wird die Unmöglichkeit von Susemihl's Beweisführung — man beachte speciell den letzten Satz — nicht weiter zu belegen nöthig sein. Da ἐπιστήμη und τέχνη etwas Grundverschiedenes sind, spricht Plato nichts weniger als ‚ambigue‘.

§ 16 τῶν μὲν ἰδεῶν ... ἐπιστήμην, § 17 τὰ μὲν εἴδη τὰ τῶν λόγων μαϑεῖν [12]).

Jene zweimalige Erwähnung nun von φύσις μελέτη und ἐπιστήμη bei Isokrates, welche Zycha zu der irrigen

---

[12]) Siebeck fasste die Worte des Isokrates § 17 τὰ μὲν εἴδη τὰ τῶν λόγων μαϑεῖν so, als ob Isokrates von den Arten der Rede spreche und verglich daher in diesem Sinne die Stelle mit den platonischen Worten 271 B τὰ λόγων τε καὶ ψυχῆς γένη. Mit Recht hat Susemihl a. o. O. p. VII dagegen Einsprache erhoben und behauptet, dass Isokrates in den Worten § 16 φημὶ δ' ἐγὼ τῶν μὲν ἰδεῶν ... unter ἰδέαι dasselbe verstehe wie später unter εἴδη. Siebeck hat in der zweiten Auflage der Untersuchungen z. gr. Ph. p. 133 Anm. 1 neuerdings, wenn auch nicht mehr mit solcher Bestimmtheit wie ehedem, daran festhalten zu sollen geglaubt, dass Isokrates unter εἴδη und ἰδέαι Verschiedenes verstehe. Er behauptet, im § 16 bezeichnen ἰδέαι die inhaltlichen Bestandtheile der Rede, in § 17 aber sei von Anderem die Rede: u. z. dass der Schüler in theoretischer Beziehung die εἴδη τῶν λόγων d. h. die verschiedenen Arten der Reden lernen und in praktischer Hinsicht sich in ihrem Gebrauche üben solle: ‚dem entsprechend muss der Lehrer theoretisch dieselben sorgfältig vortragen und praktisch die Art der Ausübung durch sein Beispiel zeigen. Als das Praktische in § 16 erscheint eine Aufzählung von rhetorischen Künsten und Wortfügungen, von der es ausdrücklich heisst, ihre Überlieferung bedürfe πολλῆς ἐπιμελείας. In § 17 dagegen ist von etwas die Rede, was dem Redner lediglich von seiner Art zu reden abgesehen werden soll und worin die Tüchtigen sofort Meister werden (§ 18 εὐθὺς ἀνθρώτερον λέγοντας). Schon aus diesem Grunde muss unter den εἴδη τῶν λόγων noch etwas Anderes verstanden werden als unter den ἰδέαι, ἐξ ὧν κ. τ. λ.'
Ich glaube, dass Siebeck da in die Worte des Isokrates einen Sinn hineinlegt, der ihnen gar nicht inne wohnt. Isokrates erwähnt in der ganzen vorliegenden Partie nichts von der Verschiedenheit der Reden als solcher. Unmöglich hätte das Capitel von der Erörterung des Umfanges des Redestoffes nur mit den wenigen Worten τὰ μὲν εἴδη τὰ τῶν λόγων berührt werden können. Isokrates, der eben rein auf dem mechanisch-technischen Standpunkte steht, will auf die Frage nach dem Stoff der Reden hier gar nicht eingehen. Erst in § 20 kommt er gelegentlich des Vorwurfs, welchen er denen macht, die die Beredsamkeit rein auf processuale Zwecke beschränken wollen, sozusagen auf die εἴδη λόγων in dem Sinne, wie Siebeck oben fälschlich interpretiert, zu sprechen mit den Worten

Holzner, Phaedrus.　　　　2

Ansicht verleitete, der Redner behandle diese drei Momente
erst als Grundbedingungen für den vollkommenen R e d n e r,
dann aber nochmals als Grundlage der der Platonischen
τέχνη entsprechenden Erörterung des U n t e r r i c h t e s,
hat vielmehr darin ihren Grund, dass Isokrates an der
ersten Stelle seine Anschauungen über das g e g e n s e i -
t i g e V e r h ä l t n i s dieser drei Bedingungen ausspricht,
an der zweiten Stelle aber sein ganzes L e h r s y s t e m
auf s i e aufbaut. Plato aber erschöpft in 269 D mit we-

καὶ ταῦτα τοῦ πράγματος, καθ᾽ ὅσον ἐστὶ διδακτόν, οὐδὲν μᾶλλον πρὸς
τοὺς δικανικοὺς λόγους ἢ πρὸς τοὺς ἄλλους ἅπαντας ὠφελεῖν δυναμένου.
Mit Unrecht behauptet Siebeck ferner, dass, wenn ἰδίαι und εἴδη
bei Isokrates dasselbe wäre, es in § 17 statt καὶ δεῖν heissen
müsste: ‚daher‘. Dem entgegne ich: es wird erstens im A l l g e -
m e i n e n die Wichtigkeit der ἰδέαι und ihrer Verwendung dargelegt,
dann aber s y s t e m a t i s c h der Antheil auseinandergesetzt, den
Lehrer und Schüler an der Behandlung und Einprägung dieses Lehr-
stoffes haben. Ferner wäre ja, wenn in § 17 die εἴδη λόγων die
Arten der Rede wären, in der dem Schüler auferlegten Verpflich-
tung überhaupt das Lernen der ἰδέαι v e r g e s s e n. Wenn ferner
es in der a l l g e m e i n e n Deduction heisst, dass die richtige Anwendung der εἴδη bedürfe πολλῆς ἐπιμελείας, so nehmen in der dem
S c h ü l e r gewidmeten Erörterung der εἴδη die Worte περὶ δὲ τὰς
χρήσεις αὐτῶν γυμνασθῆναι den Begriff ἐπιμέλεια wieder auf. In
Bezug auf die Thätigkeit des L e h r e r s wird die Beschränkung
ausgesprochen ὥστε μηδὲν τῶν διδακτῶν παραλιπεῖν; das gilt der
Einschränkung, die oben in Bezug auf den Lehrer gemacht wird:
ἤν τις αὐτὸν παραδῷ μὴ τοῖς ῥαδίως ὑπισχνουμένοις ἀλλὰ τοῖς εἰδόσι
τι περὶ αὐτῶν. Die ἐπιστήμη τῶν ἰδεῶν ist das διδακτόν (οὐ χαλεπόν)
die A n w e n d u n g aber (τὸ δὲ τούτων ἐφ᾽ ἑκάστῳ...) verlangt den
Fleiss des Schülers (ἐπιμελείας, γυμνασθῆναι) andererseits aber, s o -
w e i t sie n i c h t διδακτόν i s t, ein unfehlbares Vorbild (παράδειγμα)
des Lehrers.
   Dass andererseits bei Plato an a l l e n Stellen, sowohl 271 B
λόγων γένη als 271 D λόγων εἴδη und 272 A εἴδη λόγων unter
εἴδη die A r t e n d e r R e d e n a l s G a n z e s zu verstehen ist,
darauf komme ich später noch ausführlich zurück. Wir werden
sehen, dass eine Fortentwicklung der isokratischen Gedanken bei
Plato in dem Umstande liegt, dass Plato alles das, was Isokrates
von den ἰδέαι, ἐξ ὧν κ. τ. λ. behauptet, in entsprechend vertiefter
Weise von den εἴδη λόγων, den A r t e n d e r R e d e n, aussagt.
   Im Sinne dieser meiner Erörterungen kann ich Natorp nicht

nigen Worten das, was er über diesen Redner zu sagen
hat und eilt mit der Ankündigung ὅσον δὲ αὐτοῦ τέχνη zu
seinem eigentlichen Rednerideal hin. Sein Redner bildet
sich auf der Grundlage des Wissens; dagegen kommen Talent
und Übung bei diesem Redner nicht ebenso in Betracht; und das technische Wissen (von προσλαβόντι 272 A
angefangen) kommt nur als äußerer Behelf zur Sprache [13]).

Für das chronologische Verhältniss der isokratischen
und platonischen Partie ergibt sich aus unserer Erörterung
aber nun Folgendes: Plato liest die Sophistenrede; er findet,
dass Isokrates die natürliche Befähigung des Einzelnen zur unerlässlichen Grundbedingung für einen vollkommenen Redner macht; hierin erkennt Plato einen
großen Fortschritt gegen Jene, denen auch Isokrates vor-
wirft, dass sie einen Antheil οὔτε ταῖς ἐμπειρίαις οὔτε τῇ
φύσει τῇ τοῦ μαθητοῦ μεταδιδόασιν. Plato selbst spricht es ja
in allen oben angeführten Beispielen aus dem praktischen
Leben, beim Arzt, Musiker und Dichter genau so aus,
dass die ‚ἐπιστήμη‘, die Kenntnis der mechanischen Ele-

zustimmen, wenn er behauptet (a. a. O. p. 621), die Frage, ob
die ἰδέαι bei Isokrates den εἴδη gleich seien, ‚mache hier nicht
viel aus‘.

[13]) Sind die von mir als nothwendig hingestellten Schei-
dungen in den beiden Rednertypen des Plato berechtigt, so ist
die folgende Zusammenstellung Siebecks unrichtig; er behauptet
p. 130: ‚Beiläufig wird ferner die Behauptung des Rhetors, das
Erlernen der Rede bei dem Wissenden sei nicht eben schwer
(οὐ τῶν πάνυ χαλεπῶν) dahin riehtig gestellt, dass diese Aufgabe
im rechten (d. h. platonischen) Sinne aufgefasst, denn doch
οὐ σμικρὸν φαίνεται ἔργον (Phaedrus 272 B)‘.
Die beiden Stellen haben, wenn meine Beweisführung richtig
ist, gar nichts mit einander zu thun. Dass die Kenntnis der εἴδη
zu den οὐ τῶν πάνυ χαλεπῶν gehöre, ist ja auch Plato's Ansicht, die ja aus der ganzen Reihe von Beispielen vom Arzt, Musiker, Dichter dargelegt wird. Die Worte οὐ σμικρὸν φαίνεται ἔργον
aber stehen nach der grossen Erörterung, wo Plato das Bild des
idealen Rednerphilosophen entworfen hat, und Isokrates würde
mit Phaedrus, wäre er mit bei dem Gespräche anwesend, genau
so überwältigt von der Grösse des Sokratischen Gedankens vielleicht
eingestimmt haben in die Worte: οὐ σμικρὸν γε φαίνεται ἔργον.

mente, in den Hintergrund treten müsse. Aber während
Isokrates auf die Befähigung und auf die Routine als die
dem mechanischen Wissen gleichberechtigten Momente des Unterrichtes hinweist, setzt Plato für die auch
von ihm bekämpfte Überschätzung der ἐπιστήμη etwas
Höheres ein — die Kunst! Und das, was Isokrates mit
seinen instinktiv richtigen Ansichten selbst lehren will,
bleibt ja doch immer nur das Handwerkzeug der Rhetorik.
So kann er sich also, was die Hauptsache betrifft, in
Plato's Augen nicht über die von ihm angegriffenen
Redner emporheben, und das Gute, das Plato in seinen
Äußerungen vorfindet, steht in kläglichem Misverhältnis
zu dem Selbstbewusstsein, mit dem Isokrates seine Erörterungen beschließt: § 18 καὶ τούτων μὲν ἁπάντων συμπι-
σόντων τελείως ἔξουσιν οἱ φιλοσοφοῦντες.

Mit vollem Verständnis geht Plato an die Sache:
er erkennt in dem von Isokrates gezeichneten Redner
nur einen solchen, der ein ἀγωνιστὴς τέλειος werden kann,
‚ein wackerer Redekämpe‘, und spielt so wörtlich an die
Worte des Isokrates an (§ 18 ἀγωνιστὰς μὲν ἀγαθούς), um
dem Isokrates zu zeigen, dass er jetzt dessen Rednerideal erörtere. Ganz wie Isokrates hält er jene drei Grundbedingungen für unerlässlich; das ἀτελής 269 D weist auf
das τέλειος bei Isokrates § 18 hin. Aber soweit Kunst
in Betracht kommt, sind weder Lysias noch Thrasymachus,
(noch auch Isokrates) auf dem rechten Wege. Und
nun kommt die Schilderung des Künstlers.
Isokrates hatte verlangt, dass der Schüler im Gebrauche
der εἴδη geübt werde, damit er im Einzelfalle wisse,
welche εἴδη er anzuwenden habe. Wonach er sich aber
im Einzelfalle richten, wonach er die Wahl der εἴδη vor-
nehmen solle, das hatte Isokrates der Individualität des
Schülers überlassen zu sollen geglaubt. Plato erkennt, wie
verkehrt es ist, dem Können des Schülers Etwas aufzubür-
den, was Sache der theoretischen Anleitung seitens des
Lehrers ist; unzweideutig beziehen sich

Phaedrus 269 B

ὦ Φαῖδρέ τε καὶ Σώκρατες, οὐ   auf   Isokr. § 16
χρὴ χαλεπαίνειν ἀλλὰ συγγιγνώ-
σκειν, εἴ τινες μὴ ἐπιστάμενοι
διαλέγεσθαι ἀδύνατοι ἐγένοντο
ὁρίσασθαι τί ποτ᾽ ἐστι ῥητο-
ρική, ἐκ δὲ τούτου τοῦ πάθους
τὰ πρὸ τῆς τέχνης ἀναγκαῖα
μαθήματα ἔχοντες ῥητορικὴν
ᾠήθησαν εὑρηκέναι, καὶ ταῦτα
δὴ διδάσκοντες ἄλλους ἡγοῦνταί
σφισι τελέως ῥητορικὴν δε-
διδάχθαι, τὸ δ᾽ ἕκαστα τούτων   τὸ δὲ τούτων ἐφ᾽ ἑκάστῳ τῶν
πιθανῶς λέγειν τε καὶ τὸ ὅλον   πραγμάτων ἃς δεῖ προειλέσθαι
συνίστασθαι, οὐδὲν ἔργον, αὐ-   ... ταῦτα δὲ πολλῆς ἐπιμε-
τοὺς δεῖν παρ᾽ ἑαυτῶν   λείας δεῖσθαι καὶ ψυχῆς ἀν-
τοὺς μαθητὰς σφων πορί-   δρικῆς καὶ δοξαστικῆς
ζεσθαι ἐν τοῖς λόγοις.   ἔργον εἶναι.

Ferner spielen die Worte

ταῦτα δὴ διδάσκοντες ἄλλους   deutlich auf Isokr. § 18
ἡγοῦνταί σφισι τελέως ῥητορικὴν   καὶ τούτων μὲν ἁπάντων συμ-
δεδιδάχθαι   πεσόντων τελείως ἕξουσιν οἱ φιλοσοφοῦντες.

Dreimal also ironisiert Plato das ungeziemende
τελέως des Isokrates: τελέως ῥητορικὴν δεδιδάχθαι, — ἀγω-
νιστὴν τέλεον γενέσθαι, — ταύτῃ ἀτελὴς ἔσει.

Für die Auswahl der εἴδη gibt nun aber Plato einen
unverrückbaren Leitfaden in der Hinweisung auf die
dialektisch-psychologische Grundlage der Rhetorik, zu der
dann in letzter Linie das mechanische Handwerkszeug der
εἴδη und der ganzen rhetorischen Technik tritt. Jetzt hat
Plato seinen Künstler: 272 A καλῶς τε καὶ τελέως ἐστὶν ἡ
τέχνη ἀπειργασμένη, πρότερον δ᾽ οὔ, wobei Plato dem Isokrates malitiös — und wieder mit jenem von Isokrates
etwas vorlaut gebrauchten Ausdruck τελέως — zeigt,
dass erst jetzt etwas τελέως sei im Gegensatz zu dem,
was Isokrates vorschnell schon τελέως genannt hatte. Und
jene kategorische Versicherung, dass nichts fehlen dürfe,
die er, fast wörtlich dem Isokrates entnehmend, oben 269
D als er den ersten Rednertypus schilderte, mit Isokrates übereinstimmend aussprach, die wendet sich nun,

nachdem der zweite Rednertypus, der i d e a l e auf philosophischer Basis fußende Rhetor gezeichnet ist, g e g e n
Isokrates selbst: *ἀλλ' ὅ τι ἂν αὐτῶν τις ἐλλείπῃ λέγων ἢ διδάσκων ἢ γράφων, φῇ δὲ τέχνῃ λέγειν, ὁ μὴ πειθόμενος κρατεῖ.* Der
τίς ist jetzt Isokrates selbst, das *τί* ist die Dialektik und
Psychologie, durch welche sich das platonische Rednerideal von dem isokratischen so wesentlich unterscheidet.
Ferner ergibt sich in in diesem feinen Geäder von polemischen Beziehungen noch Folgendes: wo Plato zum
erstenmale jenen von Isokrates entlehnten Absatz wiederholt, dort schließt er sich an die Worte des Rhetors
genau an:

Isokr. § 18	Phaedrus 269 D
καθ' ὃ δ' ἂν ἐλλειφθῇ τι τῶν εἰρημένων, ταύτῃ χεῖρον διακείσθαι τοὺς πλησιάζοντας	*ὅτου δ' ἂν ἐλλίπῃς τούτων, ταύτῃ ἀτελὴς ἔσει*

an der zweiten, nun g e g e n I s o k r a t e s gerichteten Stelle
aber verschärft die geflissentlich v e r a l l g e m e i n e r n d e
Beziehung *ἀλλ' ὅ τι ἂν αὐτῶν τις ἐλλείπῃ λέγων ἢ διδάσκων ἢ γράφων* die Umrisse des Bildes, in dem wir jetzt
Isokrates wiedererkennen. Deutlich ist hier des Isokrates
V i e l s e i t i g k e i t als praktischer Gerichtsredner (*λέγων*),
als Redelehrer (*διδάσκων*) und als Redenschreiber (*γράφων*)
beleuchtet. Ob in irgend einer dieser drei Thätigkeiten
begriffen, — niemals habe er mit dem g e g e n w ä r t i g e n
Stand seiner Bildung das Recht, sich über seine Concurrenten selbstgefällig emporzuheben [14]).

II

Die ganze vorhergehende Erörterung war dem Versuche gewidmet, aus der genauen Erörterung der beiden

---

[14]) Praeludiert wird dem *λέγων ἢ διδάσκων ἢ γράφων* auch sehr
bezeichnend in 271 C *πρὶν ἂν οὖν τοῦτον τὸν τρόπον λέγωσί τε καὶ
γράφωσι, μὴ πειθώμεθ' αὐτοῖς τέχνῃ γράφειν.* So wird Plato nach
und nach immer deutlicher, zuletzt erschöpfen die drei Participien
den Thatbestand so, dass die Thätigkeit des Isokrates darin o h n e
R e s t aufgeht.

Stellen ihr chronologisches Verhältnis herzuleiten. Wie sehr eine nicht genaue Erwägung der zwischen den beiden Stellen stattfindenden Beziehungen in Bezug auf die ganze Phaedrusfrage irreleiten muss, ersehen wir aus der Usener'schen Hypothese. Usener nimmt, ohne dies näher zu erweisen, an, dass Isokrates jene Stellen aus dem Phaedrus citiere, um dem Plato dadurch ein Compliment [15]) zu machen [16]). Gegen diese Annahme, dass hier ein Compliment vorliege, hat schon Teichmüller zutreffende Einwände erhoben. Er zeigt, dass Isokrates ein Compliment hätte machen können, wenn er einen dem Plato angehörenden Gedanken ‚entlehnt' hätte; jener Satz aber von φύσις μελέτη und ἐπιστήμη sei schon von Sokrates und Protagoras ausgesprochen worden, wie Xenophon Memor. IV 1 und II 6, 39, dann Plato Protagoras 323 C beweisen [17]). Teichmüller hätte aber gegen Usener Folgendes vorbringen können: In der im Jahre 353 erschienenen Rede περὶ ἀντιδόσεως bringt Isokrates die in Rede stehende Partie aus der Sophistenrede, um deren ‚Entlehnung aus dem

---

15) Useuer u. a. O. p. 138.
16) Auch Susemihl hat (a. a. O. p. VIII) sich aus Gründen, zu deren Widerlegung ich später gelange, zu einem ähnlichen Standpunkt bekannt. Er sagt: ‚Isocrates enim, etsi eis, quae contra scientiam moralem et de studiorum suorum maxima vi ad mores emendandos disseruit, revera, sicut dixi, etiam Platonem offendebat, et sine dubio minime ignorabat ea, quae de exiguo ambitu, parva dignitate, tenui argumento scientiae ad artem eloquentiae spectantis docuit, Platoni nequaquam placere potuisse, summopere tamen o m n i a d e c l i n a t, q u i b u s d e d i t a o p e r a, e x p r e s s i s q u e v e r b i s laedere eum velle possit videri, nondumque vult amicitiam, quae adhuc inter eos fuerat, dissolvere: quae si ita se habent, facillime intellegitur, cur laudis bene memor ab illo in Phaedro ipsi tributae eo libentius arripiat occasionem Platonem rursus ita laudandi, ut eam certe sententiam, de qua cum illo congruit, similibus verbis atque ille in illo dialogo exprimat.' Susemihl hat es unterlassen dieses Verhältnis durch eine Analyse der beiden Stellen zu erweisen; er begnügt sich mit der — auch von uns als treffend anerkannten — Zurückweisung der von Siebeck unrichtig aufgestellten Beziehungen.
17) Vgl. auch Bergk, Fünf Abhandlungen p. 31.

Phaedrus' es sich handelt, zweimal wieder und zwar einmal in wörtlicher Herübernahme, das andremal in einer
Paraphrase (R. XV 187 und 193). Dort thut sich Isokrates
nicht wenig darauf zugute, dass er durch eine solche
Reihe von Jahren seine Ansichten über das Wesen
der Rhetorik nicht geändert habe [18]. Ist es nun glaublich,
dass er zur Erhärtung seiner Consequenz eine Partie — und
zwar gerade nur diese — anführen wird, welche er
selbst anderswoher entlehnt hat [19]. Wie würde man aber
dann alle jene Beziehungen zwischen der Rede und dem
Dialog — und dass diese vorhanden sind, hat mit genügen-
den Gründen noch Niemand bestritten — erklären können?
Diese aber nach Usener's Meinung aus Plato entlehnte
Partie erschiene nun in der Antidosis in einem jetzt unzweifelhaft gegen Plato polemisierenden Zusammenhange. Denn Plato musste sich in der Schilderung jener,
die περὶ τὰς ἐριδας σπουδάζοντες .. ὁμοίως βλασφημοῦσι περὶ τῶν
λόγων τῶν κοινῶν καὶ τῶν χρησίμων [20]) getroffen fühlen, und die
Definition, welche Isokrates in derselben Rede von σοφός;
und φιλόσοφος gibt [21]), ist zweifellos gegen die Worte Plato's
im Phaedrus 278 D gerichtet, in welchen jene Begriffe
in bedeutsam anderer Weise definiert werden.

Daraus, dass sich aber — wie ich zu zeigen versucht
habe — bei Plato jene gewichtige Scheidung der beiden
Rednertypen findet, daraus ersteht gegen Usener's Annahme eines ‚Compliments‘ der schwerste Einwand. Wie
kann Isokrates in der Sophistenrede dem Plato ein Compliment machen, nachdem jener in der oben erörterten
Weise zwischen gewöhnlichem Rhetor und dem wahren

---

[18]) XV 195 οὐ γὰρ ὅτε μὲν ἦν νεώτερος, ἀλαζονευόμενος φαίνομαι
καὶ μεγάλας τὰς ὑποσχέσεις ποιούμενος .. ἀλλὰ τοῖς αὐτοῖς λόγοις
χρώμενος ἀκμάζων καὶ παυόμενος ...

[19]) Natorp a. a. O. p. 620 hat mit Recht auf die selbst-
bewusste Form aufmerksam gemacht, in der Isokrates seine diesbezüglichen Ansichten vorbringt: § 14 τὴν ἐμαυτοῦ δηλῶσαι διάνοιαν
und § 18 φημὶ γὰρ ἐγώ.

[20]) R. XV 116.

[21]) R. XV 119.

Redner jenen tiefgreifenden Unterschied gemacht hatte? Musste Isokrates nicht unbedingt und zu aller Zeit in der Schilderung, die Plato von dem ἀγωνιστής entwirft, sein eigenes getreues Abbild wiederfinden?[22]) Aber Usener sagt: ‚Isokrates muss sich damals noch Plato verwandt gefühlt haben; er theilte mit ihm die Begeisterung für Philosophie, die nur unter den Händen des Rhetors ganz etwas Anderes wird als bei dem Philosophen'[23]). Dieses ‚damals' bezieht Usener natürlich auf diejenige Zeit, wo Isokrates durch jene Entlehnung ‚dem Plato ein Compliment machen wollte', also auf die Abfassungszeit der Sophistenrede (392—390). Da nun aber Usener der allgemeinen Anschauung gemäß annimmt, dass Plato von des Sokrates Todesjahr an etwa ein Jahrzehnt des vierten Jahrhunderts von Athen abwesend gewesen sei, so ist er gezwungen, den Bestand jener geistigen Verwandtschaft zwischen Plato und Isokrates an den Schluss des fünften Jahrhunderts zurück zu versetzen. Usener sagt nun: ‚Jenseits von Plato's Reisen liegt also eine Zeit, wo Isokrates und Plato durch anregenden Gedankenaustausch verbunden waren.' Es spricht aber Alles, was wir von dem Entwicklungsgange des Isokrates wissen, gegen die Möglichkeit eines solchen Verhältnisses zu Plato, wie Usener es sich denkt[24]). Um das Jahr 403, in welches Usener die Abfassungszeit des Phaedrus rückt, tritt uns

---

[22]) In gewissem Sinne berührt sich meine Argomentation mit der Natorps a. a. O. p. 621: ‚ich meine, es sei auffällig, dass Is. genau von demjenigen nichts bat, was Pl. als Hauptsache ansieht und in zweimaliger Recapitulation sogar allein aufführt, während alle Hauptstücke der isokr. Kunst bei Pl. als zwar untergeordnete aber immerhin nothwendige Dinge miterwähnt werden . . . Hat Is. seine ganze Technik ans einigen nebensächlichen Forderungen des pl. Phaedrus, mit Vernachlässigung des Wesentlichen entlehnt und plump genug für sein Eigenthum ausgegeben . . . ?

[23]) Usener a. a. O. p. 139.

[24]) Hiemit hat die Thatsache nichts zu thun, dass Isokrates und Plato im sokratischen Kreise als Jünger in gewissen Beziehungen zu einander standen. Vgl. Blass a. a. O. p. 28.

Isokrates als Redenschreiber entgegen: die älteste Rede,
die wir kennen, weist ungefähr in dieses Jahr zurück [25]).
Es müsste also — was wir schon einmal zurückgewiesen
haben — Plato auf Grund von Processreden dem Isokrates
jene Anerkennung in der Prophetie zollen. Ist es nun
schon für diesen Zeitpunkt schwer, jene von Usener angenommene ‚Übereinstimmung' zu begreifen, so wird dies
noch schwerer, je mehr wir der Zeit nach heruntergehen:
um 392 schreibt Isokrates die Sophistenrede: diese selbst
nun ist nach meiner Ansicht ein Zeugnis wider die Möglichkeit jener Übereinstimmung in der Weise, wie Usener sich sie denkt, dass nämlich Isokrates dem Plato be-
wusst nahe stehe. Isokrates leugnet am Schlusse dieser
Rede die Lehrbarkeit der Tugend. Usener sagt nun, Isokrates habe, indem er sich über die Lehrbarkeit der Tugend
lustig machte, gleich sehr allen Sokratikern den Fehdehand-
schuh hingeworfen [26]) und weiter [27]): ‚Isokrates' Sophistenrede, das erste öffentliche Bekenntnis einer den Sokratikern
feindseligen und darum von Plato bekämpften anma-
ßenden Beschränktheit, obendrein mit den deutlichen
Spuren dankbarer Kenntnisnahme unseres Dialogs ist
demnach ein fester Grundstein für den Phaedrus.' Also
dankbare Kenntnisnahme und zugleich eine den Sokratikern feindselige Beschränktheit? Die Lösung dieses Wider-
spruches hat uns Usener nicht geboten [28]).

Aber die Sophistenrede ist auch in dem über die Rhetorik Gesagten ein gewichtiger Zeuge gegen jene von
Usener angenommene Übereinstimmung. Würde Isokrates

---

[25]) Die Ansätze schwanken zwischen den Jahren 403 (Reh-
dantz) und 397 (Benseler) Vgl. Blass a. a. O. p. 214.
[26]) Usener a. a. O. p. 137.
[27]) p. 139.
[28]) Meine Auffassung der zwischen der Rede und dem
Dialog unzweifelhaft bestehenden Berührungspunkte unterscheidet
sich also dadurch auf das Wesentlichste von der Usener's, dass
ich eine instinktive — nicht wie Usener eine bewusste
— Übereinstimmung Platos mit Isokrates in, wie sich zeigen
wird, gemeinsamen **sokratischen** Gedanken annehme.

dem Plato ein Compliment machen, so müsste er doch
mit irgend einem Worte des Zusammenhanges gedenken,
aus dem er jene Gedanken entlehnt hat: die reichlich
vorhandenen Beziehungen zwischen dem Dialog und der
Sophistenrede wären um so räthselhafter, da Isokrates sie
einem Zusammenhange von Gedanken hätte entlehnen
müssen, auf die er als Beleidigter hätte antworten
müssen. Dies hat auch Susemihl verkannt: da er jene
für das chronologische Verhältnis der beiden Schriften
maßgebende Unterscheidung der beiden Rednertypen
nicht erkannte, so konnte er auf die Vermuthung, respec-
tive den Ausweg, verfallen: ,Isokrates habe sich durch
das Lob am Ende des Phaedrus geschmeichelt gefühlt;
er hätte selbst beim besten Willen dem Plato nichts ent-
gegensetzen können, befinde sich aber in wichtigen rhetorischen Fragen mit ihm in Übereinstimmung' [29]). Wir
wissen nun nach der von uns vorgenommenen Scheidung,

---

[29]) Susemihl meinte, die Annahme eines Complimentes
seitens des Isokrates sei schwer: aber, wenn auch Isokrates manchen
Stich fühle, so schweige er dem Lobe zu Liebe, das Plato ihm gezollt
habe. Susemihl verkennt aber die Tragweite des von
Plato in der Prophetie ausgesprochenen Lobes. Nach
der von mir dargelegten Scheidung der beiden Rednertypen ist es
klar, dass Plato in der Prophetie den Isokrates deutlich in die
erste der von ihm gezeichneten Arten von Rednern einfügt.
Isokrates hatte bei seinem Rednerideal mit starker Betonung die
φύσις hervorgehoben, Plato folgt ihm, wie wir sahen, 269 D in
dieser Beziehung in der Schilderung des ἀγωνιστής τέλεος. Nun
aber bezieht sich Plato, dort wo er prophezeiend über Isokrates
spricht, deutlich und unverkennbar auf diesen 269 D zusammen-
fassend geschilderten Redner: δοκεῖ μοι ἀμείνων τὰ τῆς φύσεως . . .
φύσει γὰρ ἔνεστί τις φιλοσοφία. Und hatte Plato an jener Stelle
mit den Worten ὅσον δὲ τέχνη, οὐχ ᾗ Λυσίας καὶ Θρασύμαχος (und
,Isokrates' wie wir zusetzen dürfen) πορεύονται auf etwas Höheres
hingewiesen, so thut er es nun in der Prophetie deutlich bezüglich
des Isokrates mit den Worten: εἰ αὐτῷ μὴ ἀπόχρησαι ταῦτα, ἐπὶ
μείζω δὲ . . . Das μείζω ist die τέχνη in 269 D, und jene
Stelle 269 D ist also so eigentlich der Entwurf zu
dem Bilde des Isokrates, wie es Plato dann in der
Prophetie mit festen Strichen ausführt.

dass das, worin Plato mit Isokrates übereinstimmte, nicht
stark genug gewesen wäre, um den Rhetor mit den Erörterungen des Philosophen zu versöhnen : enthalten Letztere ja eine fast schonungslose Verurtheilung s e i n e r rhetorischen Theorie. Aber für das Freundschaftsverhältnis bringt
Usener noch eine Stütze bei: Cicero erzählt im Brutus nach
der aristotelischen συναγωγή τεχνῶν . . ‚similiter Isocratem
primo a r t e m d i c e n d i e s s e n e g a v i s s e, s c r i b e r e a u-
t e m a l i i s s o l i t u m o r a t i o n e s, q u i b u s i n i u d i c i i s
u t e r e n t u r, sed cum . . . ipse in iudicium vocaretur, orationes aliis destitisse scribere, totumque se ad artes com-
ponendas transtulisse‘. Hierin erblickt Usener einen Beweis
dafür, ‚dass Isokrates in der Zeit seines Verkehrs mit
Sokrates (das heißt also zur Zeit der Abfassung des
Phaedrus) im Wesentlichen auf dem Standpunkt unseres
Dialogs gestanden sei und angenommen habe, dass die
Redekunst der gleichzeitigen Rhetoren keine selbständige
Existenz habe und gegenüber der hohen Aufgabe, das
Wahre und Gute angemessen darzustellen, mindestens ein
irrelevantes Mittel sei.‘ Dies alles liest Usener in den
drei Worten ‚artem dicendi negavisse‘ heraus. In Wirklichkeit aber steht von jener platonischen Begründung
der Rhetorik auf die Philosophie, die Usener darin sucht,
kein Wort darin. Wenn wirklich ‚artem dicendi esse negavisse‘ heißt ‚er erkannte das dialektisch-psychologische
Wesen der Rhetorik‘: wie vertrüge sich das Weitere
‚scribere autem aliis solitum orationes, quibus in iudiciis
uterentur‘ hiemit? Usener hilft sich freilich über diesen,
im platonischen Sinne u n ü b e r b r ü c k b a r e n Gegensatz
mit den Worten hinweg ‚wohl aber habe sich Isokrates
durch diese Ansicht n i c h t a b h a l t e n l a s s e n, für Andere zum gerichtlichen Gebrauche Reden abzufassen‘.
Sehen wir uns nun aber die Ciceronianischen Worte ge-
nauer an. so erscheinen sie ganz verständlich; sie geben
in etwas eigenthümlicher Weise genau den Standpunkt
wieder, den Isokrates in der S o p h i s t e n r e d e einnimmt:
‚artem dicendi esse negavisse‘ heißt: er leugnete die Existenz einer Theorie; das heißt: er wollte, wie wir sahen,

die ἐπιστήμη im Unterrichte gegen die anderen Faktoren
— gegen Begabung und Routine — in den Hintergrund
gedrängt wissen [30]). In Wahrheit steht also der Isokrates,
der artem dicendi esse negat, nichts weniger als auf dem
Standpunkt des Phaedrus: er leugnet die Existenz einer
Theorie, wie sie die zeitgenössische Rhetorik vortrug;
Plato gibt ihm zwar hierin Recht, aber begründet eine
n e u e. Die ciceronianischen Worte verweigern also der
Usener'schen Annahme Zeugenschaft; sie zeigen uns den
I s o k r a t e s d e r S o p h i s t e n r e d e, und dem Phaedrus
stehen sie ebenso fern wie die Rede selbst; dies gilt sowohl
für 403 als für 390—392. Vielmehr verhält es sich so, dass
Isokrates n a c h dem Erscheinen des Phaedrus — wenn er
je mit Plato freundschaftlich verkehrt hatte — seine Beziehungen unbedingt abbrechen musste: erst als Redenschreiber, dann als Verächter der Platonischen Grundsätze
von der Lehrbarkeit der Tugend hatte er zu b e w u s s t e r
geistiger Gemeinschaft oder Verwandtschaft mit Plato
keinen Anhaltspunkt [31]).

III

Usener hat nun behauptet, nach dem Erscheinen der
Sophistenrede hätte Plato nie mehr jene anerkennenden

---

[30]) Ich sehe nicht ein, warum Blass (a. a. O. p. 16) behauptet: ‚aber die Praxis und sein eigener, von Philosophie nicht
unberührt gebliebener Geist liessen ihn a l l m ä l i g sowohl den
Umfang als die Bedeutung des theoretisch Mittheilbaren h ö h e r
a n s c h l a g e n, wiewohl er stets Natur und Übung für den Redner
in die erste, Theorie erst in die zweite Reihe stellte.‘ Isokrates
ist, wie die Antidosis zeigt und wie Blass an anderer Stelle (p. 24)
selbst bemerkt, stets vollständig g l e i c h e r Meinung über die
Minderwertigkeit der Theorie geblieben.

[31]) Das ‚bewusster‘ kann ich nicht scharf genug betonen :
und meine Erörterung wird im weiteren Verlaufe die i n s t i n k t i v e
Berührung erweisen, die zwischen Isokrates und Plato auf Grund
des gemeinsamen Sokratischen besteht und letzteren zu seiner
optimistischen Äusserung in der Prophetie veranlassen konnte.

30

Worte über Isokrates aussprechen können [32]). Auch Zeller heißt ohne ein Bedenken Usener's Annahme gut [33]). Sowohl Usener als auch Zeller haben im Besondern da die Worte im Auge, die Isokrates über die Lehrbarkeit der Tugend spricht. Isokrates kommt nämlich am Schlusse der Rede auf das Maß der moralischen Einwirkung zu sprechen, welches der Rhetorik, — speziell der Beschäftigung mit den λόγοι πολιτικοί — zuzutheilen sei; hiebei verwahrt er sich dagegen, als ob er etwa durch die Rhetorik die δικαιοσύνη zu lehren sich anheischig mache: denn es gäbe im Princip keine Kunst, welche einem zur Tugend schlecht Beanlagten Tugend und Gerechtigkeit beibringen könne; aber eine Aufmunterung hiezu enthielten nach seiner Meinung die λόγοι πολιτικοί. Diese Erörterung hängt mit dem ersten Theile der Sophistenrede innig zusammen und wir müssen uns daher zur Betrachtung derselben wenden. Dort spricht Isokrates gegen Tugendlehrer und es liegt doch nahe, dass er seine positiven Anschauungen hierüber mit jenen polemisch gehaltenen Auseinandersetzungen in Beziehung gesetzt hat. Isokrates greift dort περὶ τὰς ἔριδας διατρίβοντας an. Diese gäben vor, die Wahrheit zu suchen, lügen aber gleich zu Beginn ihrer Versprechungen: sie behaupten

---

[32]) Ebenso Susemihl, Phil. Anz. XI 1882 p. 295 ‚Dagegen sollte man glauben, es gehöre doch nur ein klein wenig gesunder Menschenverstand dazu, um einmal von Usener darauf aufmerksam gemacht, einzusehen, dass Plato unmöglich am Schlusse des Phaedrus noch von Is. sagen konnte, derselbe . . . nachdem Is. in der Sophistenrede nicht bloss in der Redekunst das Gebiet der Wissenschaft, Erkenntnis oder Theorie auf die εἴδη oder ἰδέαι beschränkt und alles Andere der Übung und Nachahmung anheimgegeben, sondern auch Glückseligkeit und Tugend nicht für Sache des Wissens sondern des blossen Meinens erklärt hatte.' Vgl. auch Susemihl, De Plat. Phaedro etc. p. V.

[33]) Arch iv f. Gesch. d. Phil. II p. 672. ‚Ich meinerseits glaube mit Usener vielmehr den Phaedrus in der Sophistenrede berücksichtigt und halte es für ganz undenkbar, dass Plato nach dem Erscheinen dieser mit gegen ihn selbst gerichteten Kriegserklärung das Lob noch ertheilt hätte, das ihm am Schlusse des Phaedrus gespendet wird.'

nämlich, die Zukunft ergründen zu wollen. Im Folgenden wird dieses τὰ μέλλοντα προγιγνώσκειν näher erörtert:
sie versprechen zu lehren ἃ πρακτέον ἐστί und hiedurch
die εὐδαιμονία. Hiefür verlangen sie bloß 3 oder 4 Minen,
spielen die Rolle von Bedürfnislosen und versprechen für
wenig Geld Alles bis auf Unsterblichkeit. Am lächerlichsten geberden sie sich darin, dass sie sich das Unterrichtshonorar garantieren lassen und also denen misstrauen,
welche sie Tugend zu lehren versprechen. Im Hinblick
auf diese und andere Widersprüche in ihrem Verhalten,
— sie geben vor Etwas über die Zukunft zu wissen und
wissen mit der Gegenwart nichts anzufangen — ferner
in Erwägung dessen, dass die, welche den landläufigen
Anschauungen gemäß leben, einträchtiger und glücklicher
sind, als die, welche die Kenntnis einer diesbezüglichen
Wissenschaft ankündigen, verachtet man ihre Bestrebungen mit Recht und nennt diese ἀδολεσχία καὶ μικρολογία,
nicht ἐπιμέλεια τῆς ψυχῆς.

Wer sind die hier Angegriffenen? Diese
Frage wird, seitdem sie Spengel aufgeworfen hat, immer
und immer wieder gestellt. Isokrates bezeichnet nämlich
mit περὶ τὰς ἔριδας διατρίβοντας an mehreren Stellen seiner
Reden [34]) nicht näher charakterisirte Gegner und es ist
soviel sicher, dass er darunter im Allgemeinen die Beschäftigung mit speculativen und ethischen Fragen versteht.

Spengel vermuthete, dass sich unter den hier Angegriffenen die Megariker verbergen; dies hat Überweg vollkommen widerlegt durch den Hinweis, dass es sich, der
ganzen Tendenz der Rede nach, dem Isokrates darum
handle, Concurrenten in Athen anzugreifen [35]). In einer
gelegentlichen Bemerkung wollte andererseits Bonitz die
Polemik (und zwar aus später noch zu erörternden Gründen) auf Plato beziehen; diese Annahme wurde von allen
Späteren mit dem unwiderlegbaren Einwand zurück-

---

[34]) Speciell das Prooemium zur Helena und Antid. § 116
kommen hier in Betracht. (Vgl. Blass a. a. O. p. 26 und p. 34).
[35]) Natorp a. a. O. p. 444.

gewiesen, dass die von Isokrates über das schmutzige
Gebahren mit dem Honorare erhobenen Anschuldigungen
eine Beziehung auf Plato absolut ausschließen[36]).
Viel wichtiger und auf Gegebenem fußend ist die
Frage, ob unter den von Isokrates Angegriffenen die
Sophisten oder Antisthenes gemeint wird. Zeigt
es sich, dass die Sophisten gemeint sind, so ergibt sich uns
hieraus neues Material gegen Usener, insofern dann die
Prophetie mit vollem Rechte auf die Sophistenrede folgen konnte. Anders aber verhält sich die Sache im zweiten Falle: Antisthenes, der Gründer der cynischen Schule,
steht in notorischer Feindschaft sowohl zu Plato als zu
Isokrates[37]). Der Umstand, dass wir über das Mehr und
Minder dieser feindseligen Verhältnisse nichts Zuverlässi-
ges wissen, theilt die Gelehrten, die sich mit dieser Frage
beschäftigen, in zwei Lager; die Einen sagen: Isokrates
greift zwar bloß den Antisthenes an, aber als Sokratiker
muss sich auch Plato mitgetroffen fühlen, — daher ist
die Prophetie im Phaedrus nach der Sophistenrede unmöglich; so Reinhardt, Usener, Susemihl. Die Anderen:
Anthisthenes war mehr Sophist als ,unvollkommener Sokratiker'; eine Polemik gegen ihn musste Plato, besonders
wenn sie das Sophistische an Antisthenes brandmarkt,

---

[36]) Mit einem eigenthümlichen Versuche tritt Werber an die
Lösung der Frage heran. Er erkennt wie Bonitz im ersten Theil
der Rede Anspielungen auf Plato, andererseits hält er an C. F.
Hermann's Standpunkt fest, dem zufolge der Phaedrus 387 verfasst ist. So ergibt sich die Schwierigkeit, dass Isokrates 392
gegen Plato polemisieren, Plato aber trotzdem 387 die Prophetie
über Isokrates aussprechen soll. Er sieht daher in der gegenwär-
tigen Gestalt der Sophistenrede eine zweite Bearbeitung. Die Rede,
welche ursprünglich viel Annehmbares für Plato enthielt, — die
die Rhetorik betreffenden Theile weisen darauf hin — sei später
bei steigender Erbitterung gegen Plato in einem diesem feindli-
chen Sinne umgearbeitet worden. Diese haltlose Hypothese erledigt
sich schon durch den einen Einwand, dass Isokrates gewiss An-
stand nehmen würde, seine Consequenz in seinen Anschauungen
durch Hinweis auf eine Rede erhärten zu wollen, die er einer
Umarbeitung unterzogen hatte.
[37]) Blass a. a. O. p. 335; Usener, Quaest. Anaxim. p. XII.

gutheißen: demnach folgt die Prophetie nicht nur trotz, sondern im Gegentheil w e g e n der Sophistenrede. So Überweg, Zycha und auch Natorp [38]).

Die Entscheidung der Frage, ob Antisthenes oder die Sophisten gemeint seien, könnte demnach insofern irrelevant sein, als ja auch für den Fall, dass die Polemik gegen Antisthenes gerichtet ist, die Möglichkeit zugestanden wird, die Prophetie auf die XIII. Rede folgen zu lassen. Dennoch will ich der Frage näher treten, weil ich glaube, zur Abweisung der Beziehungen auf Antisthenes Etwas beitragen zu können. Reinhardt, Usener, Zycha und Natorp haben, um ausschließliche Beziehungen auf Antisthenes zu erweisen, viel Material zusammengetragen. Das Zusammenfallen der Thatsache, dass Antisthenes eine Ἀλήθεια schrieb, mit den in § 1 stehenden Worten ‚οἳ προσποιοῦνται μὲν τὴν ἀλήθειαν ζητεῖν,‘ scheint mir gar nichts zu beweisen. Denn in dem Bestreben, die landläufigen Ansichten herabzusetzen und an ihre Stelle ‚Wahrheit‘ zu bringen, begegnen sich die Cyniker mit den Sophisten. Schon Protagoras legte in diesem Sinne seine erkenntnis-theoretischen Neuerungen in einer Ἀλήθεια betitelten Schrift nieder [39]). Zycha meint, Antisthenes habe den Schülern ein Wissen dessen ἃ πρακτέον ἐστί versprochen (§ 3); nach § 4 der Rede sei das identisch mit ἀρετή und dies weise deutlich auf den bei Diog. La. VI 10 erwähnten Satz des Cynikers hin: τὴν ἀρετὴν τῶν ἔργων εἶναι μήτε λόγων πλείστων δεομένην μήτε μαθημάτων. Ich glaube, die von Zycha citierte Stelle sagt gerade gegen ihn aus: denn Isokrates bekämpft offenbar Tugendlehrer, die ihre Lehren in eine theoretische Form (§ 3 διὰ ταύτης τῆς ἐπιστήμης) gebracht haben. Gerade aber gegen diese — nämlich sophistische Richtung — trat Antisthenes selbst auf und gegen sie ist auch der oben citierte Satz, dass die Tugend Sache der That und nicht der Theorie sei,

---

[38]) a. a. O. p. 618.
[39]) Zeller Phil. d. Gr. I 4 p. 982, Wecklein, die Soph. bei Plato p. 8.

gerichtet. Was wir sonst von Antisthenes wissen, steht hiemit in vollem Einklang. Er leugnete die Möglichkeit eines theoretischen Wissens überhaupt und meinte, so viel der Mensch zu wissen brauche, könne Jedem der gesunde Menschenverstand geben [40]). In Wahrheit hätte demnach Isokrates — man beachte die Worte § 8 (καὶ πλείω κατορθοῦντας τοὺς ταῖς δόξαις χρωμένους ἢ τοὺς τὴν ἐπιστήμην ἔχειν ἐπαγγελλομένους) — Schulter an Schulter mit Antisthenes für die praktische Erlernung der Tugend auftreten müssen gegen diejenigen, welche, wie die in der Sophistenrede Angegriffenen, die Tugend auf theoretischem Wege vermitteln wollten. Ich übergehe andere Punkte, bei deren Erörterung sich ebenfalls ergibt, dass mindestens die ausschließliche Bezugnahme auf die Cyniker nicht zu erweisen ist, und wende mich zu jener Frage, die so zusagen den Angelpunkt der ganzen Erörterung bildet und durch deren unbefangene Beantwortung die Entscheidung nahegelegt wird. Es ist das des Isokrates Schilderung der Honorarforderungen und des schmutzigen Gebarens. Alles, was wir von Antisthenes wissen, steht in unversöhnlichem Widerspruche zu dieser Schilderung. Antisthenes ist das Urbild der Genügsamkeit und gibt seiner Gleichgiltigkeit gegen die weltlichen Genüsse in mehr als drastischer Weise Ausdruck [41]). Blass weist daher mit vollem Recht die Beziehung auf Antisthenes, ‚die manche mit befremdender Sicherheit der Behauptung aufstellen.‘ auf das energischeste zurück [42]). Schon früher hatte er geltend gemacht, die Thatsache, dass ein Sokratiker Geld genommen habe, hätte wie bei Aristippos gerügt werden müssen. Auch dass in unserer Rede ausdrücklich von geringen Honorarforderungen die Rede ist, entkräftet den Einwand gegen die Bezugnahme auf Antisthenes nicht. Denn die hohen Honorarforderungen sind bei den Sophisten nicht ausnahmslos usuell; wir finden,

---

[40]) Zeller a. a. O. 251, 267.
[41]) Vgl. das ganze ihn betreffende Capitel bei Diog. La. VI.
[42]) a. a. O. p. 23.

dass sich Isokrates in seinen der Verspottung des geringen Honorars gewidmeten Bemerkungen mit ähnlich gearteten Worten Plato's, die gegen die Sophisten gerichtet sind, begegnet [43]); sowohl dem Isokrates als dem Plato scheint die Tugend durch ein solches Vorgehen entwertet, nur freilich in dem Sinne, dass Isokrates die Forderung eines höheren Honorars gutheißt, Plato aber ein Honorar an und für sich verabscheut [44]).

So sind wir denn auf dem Wege der Polemik dahin gelangt, unter den Angegriffenen das Bild der Sophisten zu suchen. In dieser Beziehung hat Konvalina in einer fast unbeachtet gebliebenen Abhandlung verdienstlicher Weise die Worte des Isokrates mit Parallelstellen aus den Platonischen Dialogen zusammengerückt [45]). Ich verweise im Einzelnen auf diese treffliche Arbeit, durch deren Beachtung man längst von der eigensinnigen Bezugnahme auf Antisthenes zurückgekommen wäre, und möchte selbst noch auf eine Stelle hindeuten, deren gewichtige Zeugenschaft für unsere Frage bisher nicht genug gewürdigt worden ist:

Plato Gorgias 519 C	Isokrates Soph. § 5
καὶ γὰρ οἱ σοφισταὶ τἄλλα σοφοὶ ὄντες τοῦτο ἄτοπον ἐργάζονται πρᾶγμα · φάσκοντες γὰρ ἀρετῆς	ὃ δὲ πάντων καταγελαστότατον, ὅτι παρὰ μὲν ὧν δεῖ λαβεῖν

---

[43]) Vgl. auch R. XV 155 οὐδεὶς εὑρήσεται τῶν καλουμένων σοφιστῶν πολλὰ χρήματα συλλεξάμενος ἀλλ' οἱ μὲν ἐν ὀλίγοις, οἱ δὲ ἐν πάνυ μετρίοις τὸν βίον διαγαγόντες (Pl. Apol. 20 B, Soph. 234 A).

[44]) Natorp. a. a. O. p. 616 meint: ‚Dass er (Antisthenes) nichts destoweniger Honorar nahm, ist an sich nicht unglaublich.‘ Dies hat Natorp so wenig bewiesen, dass wir auch die Schlüsse die er aus Übereinstimmungen der Polemik im Euthydem mit der in der Sophistenrede herleiten und auf Antisthenes deuten will, ablehnen müssen. Auch Siebeck (Unters. p. 137) geht über diese Frage einfach hinweg und erklärt, dass Antisthenes unter den Angegriffenen — nebst Andern — zu verstehen sei.

[45]) Die Prophetie im Phaedrus u. Isokrates' Rede gegen die Sophisten, Marburg 1886.

διδάσκαλοι· εἶναι πολλάκις κατη-
γοροῦσι τῶν μαθητῶν, ὡς ἀδι-
κοῦσι σφᾶς αὐτοὺς· τούς τε μι-
σθοὺς ἀποστεροῦντες καὶ ἄλλην
χάριν οὐκ ἀποδιδόντες εὖ πα-
θόντες ὑπ᾽ αὐτῶν. καὶ τούτου
τοῦ λόγου τί ἂν ἀλογώτερον εἴη
πρᾶγμα, ἀνθρώπους ἀγαθοὺς καὶ
δικαίους γενομένους, ἐξαιρεθέν-
τας μὲν ἀδικίαν ὑπὸ τοῦ διδα-
σκάλου, σχόντας δὲ δικαιοσύνην,
ἀδικεῖν τούτῳ ὃ οὐκ ἔχουσιν.

519 E

οὐ δοκεῖ σοι ἄλογον εἶναι ἀγα-
θὸν φάσκοντα πεποιηκέναι τινὰ
μέμφεσθαι τούτῳ, ὅτι ὑφ᾽ ἑαυ-
τοῦ ἀγαθὸς γεγονώς τε καὶ ὢν
ἔπειτα πονηρός ἐστιν;

αὐτούς, τούτοις μὲν ἀπιστοῦσιν
οἷς μέλλουσι τὴν δικαιοσύνην
παραδώσειν, ὧν δ᾽ οὐδέποτε δι-
δάσκαλοι γεγόνασι, παρὰ τούτοις
τὰ παρὰ τῶν μαθητῶν μεσεγγυοῦν-
ται, πρὸς μὲν τὴν ἀσφάλειαν εὖ
βουλευόμενοι, τῷ δ᾽ ἐπαγγέλματι
τἀναντία πράττοντες. τοὺς μὲν
γὰρ ἄλλο τι παιδεύοντας προσήκει
διακριβοῦσθαι περὶ τῶν διαφε-
ρόντων. οὐδὲν γὰρ κωλύει τοὺς
περὶ ἕτερα δεινοὺς γενομένους μὴ
χρηστοὺς εἶναι περὶ τὰ συμβό-
λαια. τοὺς δὲ τὴν ἀρετὴν καὶ
τὴν σωφροσύνην ἐνεργαζομένους
πῶς οὐκ ἄλογόν ἐστι μὴ τοῖς
μαθηταῖς μάλιστα πιστεύειν; οὐ
γὰρ δή που περὶ τοὺς ἄλλους
ὄντες καλοὶ κἀγαθοὶ καὶ δίκαιοι
περὶ τούτους ἐξαμαρτήσονται,
δι᾽ οὓς τοιοῦτοι γεγόνασιν [46]).

---

[46] Zycha, den ich seinerzeit auf die Übereinstimmung dieser
beiden Stellen aufmerksam gemacht habe, sprach mir brieflich seine
Zustimmung aus, erhob aber nur den Einwand, ob nicht Plato
unter σοφισταί auch den Antisthenes verstanden habeu kann und
ob zweitens nicht die Abfassungszeit des Gorgias einer derartigen
Auffassung unserer Stelle widerspreche. Aber Plato hat an keiner
jener Stellen, die man auf Antisthenes deutet, diesem den Namen
σοφιστής beigelegt; trotz aller ‚Überspanung sokratischer Sätze‘
(Zeller) war die Erinnerung an den gemeinsamen Lehrer doch
eine zu lebendige. Ferner schliesst auch hier der Vorwurf des
iuhonetten Geldgebahrens eine Beziehung auf Antisthenes aus.
Was aber die Abfassungszeit des Gorgias betrifft, so ist es nach
den neuesten Forschungen (vgl. besonders Siebeck Jahrb. f. Phil.
1885 p. 231) fast zweifellos, dass der Phaedrus auf den Gorgias
folgt (vgl. Zeller Archiv f. Gesch. d. Phil. II 665). Es fällt also, da
Gorgias und Phaedrus aus hier nicht näher zu erörternden Gründen
jedenfalls durch eine ziemliche Zwischenzeit getrennt werden
müssen, die Sophistenrede zwischen Gorgias und
Phaedrus, und es entnimmt also Isokrates seine Polemik dem
Gorgias. Dieses Verhältnis ergibt sich auch klar aus der Vergleichung der beiden oben neben einander gestellten Partien: Isokrates erweitert in seiner breitspurigen Manier den von Plato
viel bündiger ausgesprochenen Gedauken.

Wir waren zur Erörterung des ersten Theiles der
Sophistenrede durch die am Schlusse der Rede über die
Lehrbarkeit der Tugend ausgesprochene Ansicht veranlasst worden, insofern wir eine gemeinsame Besprechung
dieses Satzes mit den im ersten Theil der Rede stehenden polemischen Äußerungen verlangten. Isokrates bekämpft also, wie wir sahen, in jener Partie die Sophisten, weil sie eine theoretische Anleitung zur Tugend
zu geben versprechen: natürlich verwahrt er sich nun
selbst dagegen, als wolle er andererseits — und zwar
auf dem Umweg über die Rhetorik — nichts als eine
theoretische Anleitung geben; er verwirft letztere deshalb, weil sie das individuelle Moment beim Schüler in
den Hintergrund drängt. Wer von Natur keine Anlage
zur Tugend hat, kann zu dieser nicht herangebildet werden (§ 21 ὅλως μὲν γὰρ οὐδεμίαν ἡγοῦμαι τοιαύτην εἶναι τέχνην,
ἥτις τοῖς κακῶς πεφυκόσι πρὸς ἀρετὴν σωφροσύνην ἂν καὶ δικαι
οσύνην ἐμποιήσειεν). Wir dürfen nicht verkennen, dass es
ein Grundgedanke ist, welcher seine Ausführungen über

Blass a. a. O. p. 34 entscheidet sich auch ohne Bedenken
für die Beziehung auf die Sophisten. Ebenso Natorp a. a. O. p.
615 mit den Worten: ‚Ich glaube, kein Leser der Apologie,
des Protagoras, Laches, Menon, selbst des Gorgias wird bestreiten
können, dass Isokrates soweit gegen den sophistischen Ausspruch
der Tugenderziehung nicht in wesentlich anderem Sinne streitet,
als es Plato in jenen Schriften gethan. Ganz so spottet Sokrates
in der Apologie (20 E) über Euenos . . .‘ Trotzdem aber hält
Natorp auch die hiemit unvereinbare Beziehung auf Antisthenes fest.
Auch Bergk (Fünf Abhandl. p. 33) erkennt in den Angegriffenen die
Sophisten: er findet, dass ein bestimmtes Individuum Gegenstand des Angriffes ist, welches wir heute nicht mehr eruiren
können. — Nur die vorschnelle Combination unserer Partie mit
dem Prooemium zur Helena, wo allerdings fast unzweifelhafte
Merkmale auf Antisthenes hinweisen, hat auch an unserer Stelle
so lange das so klar gezeichnete Bild der Sophistik, das Zug um
Zug der aus den platonischen Dialogen bekannten Polemik entspricht, verkennen lassen. Ich gedenke den Nachweis, dass die
Helenastelle ganz unabhängig von der ihr nur äusserlich ähnlichen
Partie der Sophistenrede zu beurtheilen ist, an anderem Orte zu
erbringen: im Rahmen der vorliegenden Arbeit würde sie mich
zu weit vom eigentlichen Thema ablenken.

Rhetorik und Ethik beherrscht. Sowie wir dort fanden, dass Plato an der Betonung der individuellen Begabung im Gegensatze zu der mechanisch-theoretischen Unterrichtsmethode der von Isokrates bekämpften Zeitgenossen ein gewisses Wohlgefallen finden musste, so wird es sich zeigen, dass Plato die Betonung des Individuellen auch in der Tugendlehre nicht abweisen konnte, geschweige, dass er — wie Usener meint — sie auf das Bitterste verurtheilen musste. Der Satz von der Lehrbarkeit der Tugend ist freilich ein Grundstein des Platonischen Systems, aber es fragt sich, ob Plato den Isokrates nicht mit S o k r a t i s c h e m Maße gemessen hat [47]). In der That führt der Gedanke, dass zum erfolgreichen sittlichen Unterrichte physische Anlage nöthig sei, auf einen sokratischen Gedanken zurück. Bei Xenophon Mem. III 9 antwortet Sokrates auf die Frage, ob die Tugend ein διδακτόν oder ein φυσικόν sei: ψυχὴν ψυχῆς ἐρρωμενεστέραν φ ύ σ ε ι γίγνεσθαι πρὸς τὰ δεινά, vgl. auch Xen. Mem. III 9, 2. Wenn Sokrates an anderen Stellen schon auf dem streng platonischen Standpunkt der Lehrbarkeit der Tugend steht, so kann uns das nicht wunder nehmen, da ja auch andererseits Plato im ‚Staat‘ und Meno sich allmälig zu Concessionen an den der landläufigen Ansicht nahestehenden Standpunkt entschloss. ‚Er achtete auf die Verschiedenheit der sittlichen Anlage und konnte dieser ihren Einfluss auf die Gestaltung des Sittlichen im Einzelnen nicht absprechen‘ (Zeller).

Dass also Isokrates einen sokratischen Gedanken wiedergab, war Grund genug für Plato, hieran nicht Anstoss zu nehmen; gerade jener auf Sokrates zurückgehende Zug in Isokrates konnte mit jener τὶς φιλοσοφία gemeint sein, von der in der Prophetie des Phaedrus die Rede ist. Isokrates weist aber nicht nur jedweden theoretischen Tugendunterricht wegen der hiebei unvermeidlichen Vernachlässigung des Individuums zurück, sondern er tritt auch mit der positiven Äußerung hervor, besser als der

---

[47]) Vgl. Schroeder, Quaest. Isocr. Utrecht 1861, p. 21.

theoretischen Tugendlehre, sei es, der gewöhnlichen Durch-
schnittsanschauung zu folgen: § 8 *ἀλλὰ μᾶλλον ὁμοροοῦντας
καὶ πλείω κατοϱϑοῦντας τοὺς ταῖς δόξαις χϱωμένους ἢ τοὺς
τὴν ἐπιστήμην ἔχειν ἐπαγγελλομένους.* Wie stellt sich nun
Plato hiezu? Solange Isokrates die gewöhnliche Menschen-
anschauung für besser erklärte als die *ἐπιστήμη τούτων ἃ
πϱακτέον ἐστίν* der Sophisten, konnte Plato dies gutheißen:
denn hier stand Isokrates auf dem Standpunkt des Sokrates, welcher ebenfalls den Ansichten der Sophisten die
Ansichten des gemeinen Mannes als gesünder gegenüber-
gestellt hatte. So konnte also Plato hoffen, Isokrates
werde an s e i n e r Seite eine n e u e ethische *ἐπιστήμη* be-
gründen helfen: in dem Kampfe des Isokrates gegen die
Sophisten und ihre *ἐπιστήμη* konnte Plato jenes e r s t e
Stadium der Sokratischen Methode erkennen, in welchem
bloß das sophistisch Falsche zersetzt wurde, um dann in
der Begriffsentwicklung den Weg zum wahren Wissen
zu geben. Isokrates aber blieb auf halbem Wege stehen;
er folgte dem Sokrates bloß in dem Negativen; jenes
Zersetzende der sokratischen Methode hielt er im gewissen
Sinne für das Ziel. Es verschärfte sich aber der Standpunkt des Isokrates: in unserer Rede behauptet er nur,
die *δόξαι* seien besser als die *ἐπιστήμη*. Schroffer klingt
das schon in der Antidosis: *ἐπειδὴ γὰϱ ο ὐ κ ἔ ν ε σ τ ι ν ἐ ν τῇ
φύσει τῇ τῶν ἀνϑϱώπων ἐπιστήμην λαβεῖν, ἣν ἔχοντες ἂν εἰδεῖμεν
ὅ τι πϱακτέον ἢ λεκτέον ἐστίν* . . . Da war nun freilich dem
Plato die Möglichkeit wohlwollenden Zuwartens benom-
men: von unvollkommen sokratischen Ansätzen ausgehend
war Isokrates ganz und gar in das Fahrwasser der Sophistik gerathen [48]).

---

[48]) Mit Unrecht hat man an unserer Stelle die Gegenüber-
setzung von' *δόξα* und *ἐπιστήμη* urgirt, indem man den Maass-
stab der platonischen Terminol ogie anlegte. Aber Isokrates wendet
sich ja nur gegen die sophistische Zusage, das ethische Wissen in
ein System zu bringen (vgl. auch Natorp p. 617). In diesem
Sinne ist es also unrichtig, wenn Siebeck a. a. O. p. 138 behauptet, der Satz von der Lehrbarkeit der Tugend bekomme hier
einen misgünstigen Seitenblick. Usener (a. a. O.), Zeller (Phil.

IV

Ich gelange nun dazu zu zeigen, wie einzelne Gedanken des Isokrates von Plato aufgenommen werden:
ungezwungen wird sich stets der Weg ergeben, der von
dem seichten, nur mehr einem Instinkte folgenden Rhetor
zu dem tiefsinnigen Philosophen führt. Die Rhetoren der
isokratischen Zeit versprechen ihren Schülern die Kenntnis der Elemente, aus denen sich die Reden zusammen-
setzen, in gleicher Weise wie die γράμματα beizubringen.
Isokrates weist dies zurück; die Buchstaben könnten immer
nur dieselben Verbindungen eingehen, immer nur zu
denselben Wörtern werden, die Rede aber sei etwas Leben-
diges. Da nun aber auch für ihn ebenso wie für seine
Concurrenten die εἴδη die einzigen Elemente
bleiben, ἐξ ὧν τοὺς λόγους ἅπαντας καὶ λέγομεν καὶ συντίθεμεν,
— also etwa wie die Bausteine, die immer wieder zu
neuen Bauten verwendet werden — so muss für ihn natürlich die von ihm betonte Lebensfähigkeit und Lebendigkeit der Rede in der Verbindung und der Stellung
liegen, die man in jedem einzelnen Falle den εἴδη gibt.
Da sich das aber nur nach den Umständen richten kann,
unter denen die Rede gehalten wird, so ergibt sich hieraus
die Nothwendigkeit, diese Umstände zu erforschen [49]), bevor
man an die Abfassung der Rede geht. Hier liegt nun eine

---

d. Gr. IIa. p. 524) und Susemihl (De Plat. Phaedro p. V) be-
harren darauf, dass unsere Stelle allein es schon Plato unmöglich
gemacht hätte, jene Worte in der Prophetie über Isokrates auszu-
prechen. Vgl. dagegen, was Blass gegen diese unrichtige Argumenta-
tion einwendet. (a. a. O. p. 30.) Er fragt sehr treffend, warum denn
die Prophetie nach der Sophistenrede nicht möglich sein sollte:
‚Etwa weil Isokrates in dieser Rede zeigt, dass er noch kein Philosoph
ist? Aber das, denke ich, hat er überall und stets
gezeigt und darnach hätte Plato sich über ihn überhaupt nie
so äussern können. Derselbe wusste aber recht gut, dass, wer für
neue Ideen gewinnen will, nicht von vornherein alle die, welche
dieselben noch nicht theilen, in Acht und Bann thun darf und
gemäss dieser Erkenntnis hat er sich im Phaedrus verhalten.‘
[49]) Aber bei Isokrates nicht um der objectiven Wahrheit willen,
sondern als massgebende Faktoren bei der Auswahl der εἴδη.

Verwandtschaft mit einem platonischen Gedanken vor. Plato verlangt vom Redner dreierlei: er müsse **erstens** die Wahrheit dessen kennen, worüber er reden wolle: 259 E ἆρ' οὖν ὑπάρχειν δεῖ τοῖς εὖ γε καὶ καλῶς ῥηθησομένοις τὴν τοῦ λέγοντος διάνοιαν εἰδυῖαν τὸ ἀληθὲς ὧν ἂν ἐρεῖν πέρι μέλλῃ; **zweitens:** das Gesprochene müsse organisch zusammenhängen: 264 C δεῖν πάντα λόγον ὥσπερ ζῷον συνεστάναι. **Drittens:** der Redner müsse, bevor er zu reden beginne, des Hörers Seele kennen und das Verhältnis der betreffenden Reden zu den betreffenden Seelen. Auch Isokrates verlangt, dass der Redner verstehen müsse τὸ . . . τούτων ἐφ' ἑκάστῳ τῶν πραγμάτων ἃς δεῖ προελέσθαι καὶ μῖξαι πρὸς ἀλλήλας καὶ τάξαι κατὰ τρόπον.

Der Unterschied aber ist zu beobachten, dass Isokrates nicht von der Auswahl der R e d e n, sondern von der Auswahl der εἴδη spricht. Hiemit erledigt sich auch die oben von uns schon berührte Frage, was εἴδη oder ἰδέαι bei Isokrates und was εἴδη oder γένη bei Plato heißt. Bei Plato sind εἴδη und γένη λόγων an a l l e n in Betracht kommenden Stellen — 271 B, 271 D, 272 A — die A r t e n d e r R e d e [50]. Plato spricht also immer nur von den εἴδη λόγων, weil er fortwährend den universellen Begriff des Umfangs der Rhetorik im Auge hat, Isokrates immer nur von dem rein technischen Begriff der E l e m e n t e, der für ihn das einzig Universelle für die ganze Rhetorik bedeutet. Daher gilt die Bemerkung des Isokrates § 12 οὗτος εἶναι δοκεῖ τεχνικώτατος, ὅστις ἂν ἀξίως μὲν λέγῃ τῶν πραγμάτων wieder nur diesem äußerlichen Gesichtspunkte. Also nicht so sehr das Studium der jeweiligen Umstände empfiehlt Isokrates im Einzelfalle, wie Blass und Natorp behaupten, sondern das die Situation berücksichtigende Studium

---

[50]) 271 B und D kann hierüber kein Zweifel sein: aber auch 272 A nicht; dort heisst es: προσλαβόντι καιροὺς τοῦ πότε λεκτέον καὶ ἐπισχετέον, βραχυλογίας τε αὖ καὶ ἐλεεινολογίας καὶ δεινώσεως ἑκάστων τε ὅσ' ἂν εἴδη μάθῃ λόγων, d. h. also die äusseren Behelfe in allen A r t e n v o n R e d e n, die es gibt. Die εἴδη des Isokrates aber umfassen das von Plato unter καιροί, βραχυλογία, ἐλεεινολογία, δείνωσις . . . Zusammengefasste.

42

der εἴδη, die im Einzelfalle anzuwenden sind. Man erkennt den Unterschied des isokratischen und platonischen Standpunktes: Der Rhetor verlangt nur insoweit genau Kenntnis des Thatbestandes, als die εἴδη richtig verwendet werden — also ein rein mechanischer Gesichtspunkt! Plato aber verlangt die genaue Kenntnis des Thatbestandes als Selbstzweck im Sinne einer wahrheitsgetreuen Darstellung. Am besten sieht man das aus § 12, wo das ἀξίως λέγειν τῶν πραγμάτων nur damit begründet wird, dass man μηδὲν τῶν αὐτῶν τοῖς ἄλλοις εὑρίσκειν δύνηται, also ein Gebot, wie es etwa in ähnlicher Weise in falsch verstandenem Originalitätsbestreben die Meistersinger in Bezug auf die ‚Weisen‘ geltend machten. Auch einen Anklang an die zweite platonische Forderung in Bezug auf das Organische der Rede finden wir bei Isokrates. Er wendet sich polemisirend gegen jene Rhetoren, die in ihrem Unterrichte der Einprägung der εἴδη zu viel Raum gewähren und meint, es sei wichtiger die Schüler für den einzelnen Fall die richtige Anordnung der εἴδη zu lehren. Das muss in Plato's Augen immerhin einen Fortschritt gegen Lysias bedeuten, der ja eben im Phaedrus deshalb verspottet wird, weil die Theile seiner Rede sich versetzen lassen wie die Verse auf der Grabschrift des Midas. Da nun bei Isokrates immer und immer wieder nur von den εἴδη die Rede ist, so hat er einen schweren Stand gegen diejenigen, welche die εἴδη mit den γράμματα verglichen; denn in Wahrheit besteht ja jene von ihm bekämpfte Ähnlichkeit zwischen den εἴδη und den γράμματα: sie sind beide Elemente, die stets dieselben bleiben. Was bringt nun Isokrates gegen diese Vergleichung vor? Er legt eine Lanze für die Lebendigkeit der Rede ein im Gegensatze zur Unveränderlichkeit der Schrift. In neuerer Zeit hat man sich nun wiederholt versucht gefühlt, zwischen diesem Gedanken und den berühmten Erörterungen Plato's über den Vorzug der gesprochenen vor der geschriebenen Rede Anknüpfungspunkte zu finden [51]). Wir

[51]) Nur Zeller leugnet jedweden Zusammenhang: Arch. f.

werden nun untersuchen, erstens ob sich überhaupt zwischen den platonischen und den isokratischen Gedanken ein Zusammenhang feststellen und zweitens, ob sich der Weg von Plato zu Isokrates nachweisen lässt. Zu weit gieng Steinhart (im 4. Bande der Müller'schen Übersetzung), welcher behauptete: ‚was Isokrates über das Verhältnis der Schrift zur lebendigen Rede sagt, stimmt fast wörtlich mit dem, was der Phaedrus darüber bringt.‘ Passend ist hiegegen eingewendet worden, dass Isokrates, der ja nie Reden h i e l t, sondern nur s c h r i e b und auf seine g e s c h r i e b e n e n Reden soviel Wert legte, unmöglich eine Äußerung thun konnte, die die Schrift der lebendigen Rede so unterordnete. M i r scheint, dass sich die Sache so verhält: Isokrates hatte die Lebendigkeit der Rede geltend gemacht dagegen, dass man ihre Elemente mit den γράμματα vergleiche; was er selbst aber vorbringt, um die von ihm behauptete Lebendigkeit seiner g e - s c h r i e b e n e n Reden zu erweisen, scheint dem Plato nicht in richtigem Verhältnisse zu stehen mit der Entrüstung, mit der sich Isokrates gegen jene Vergleichung der εἴδη und der γράμματα wehrt. Denn Isokrates ist ein R e d e n s c h r e i b e r und dass ein solcher für die Lebendigkeit der Rede eintritt, muss Plato mindestens auffallend erscheinen; so zeigt er denn dem Isokrates, dass A l l e. die R e d e n s c h r e i b e n, a l s o a u c h e r, und alle, die sich auf die Abfassung solcher Reden etwas zu gute thun, voller Einfalt sein, lebendig aber, in Wahrheit lebendig seien nur diejenigen Reden, welche dialektisch erzeugt (276 E τῇ διαλεκτικῇ χρώμενος) in die Seele des Lernenden geschrieben werden (ὃς μετ᾿ ἐπιστήμης γράφεται ἐν τῇ τοῦ μανθάνοντος ψυχῇ). Das was Isokrates um so viel höher als die γράμματα gestellt wissen wollte, seine eigenen λόγοι, die sieht er nun von Plato mit jenen γράμματα auf e i n e

---

Gesch. d. Ph. II 672: ‚Zwischen § 12 ff. der Sophistenrede und Phaedrus 275 C scheint mir überhaupt keine Beziehung statt zu finden, da sich jene Paragraphen weder auf die schriftstellerische Thätigkeit noch auf die Philosophen beziehen.‘

44

Linie gestellt. Plato zeigt dies aber, wie mir scheint, deutlich, indem er das, was Isokrates den γράμματα beigelegt hatte, nun allen geschriebenen λόγοι beilegt.

<table>
<tr><td>Isokrates § 12</td><td>Phaedrus 275 D</td></tr>
</table>

ὅτι τὸ μὲν τῶν γραμμάτων ἀκινήτως ἔχει καὶ μένει κατὰ ταὐτόν ... τὸ δὲ τῶν λόγων πᾶν τοὐναντίον πέπονθε.

ταὐτὸν δὲ καὶ οἱ λόγοι. δόξαις μὲν ἂν ὥς τι φρονοῦντας αὐτοὺς λέγειν, ἐὰν δέ τι ἔρῃ τῶν λεγομένων, βουλόμενος μαθεῖν, ἕν τι σημαίνει μόνον ἀεί.

Schon aus dem Verhältnis dieser beiden Stellen ergibt sich evident, dass Isokrates nach dem Erscheinen des Phaedrus nie und nimmer dem Plato ein Compliment machen konnte; Plato hatte die ganze Existenzberechtigung einer Beschäftigung, wie Isokrates sie als Lebensberuf übte, rundweg in Abrede gestellt [52]).

_____

[52]) In eigenthümlicher Weise sind die Worte des Isokrates von Siebeck missverstanden worden. Er erhebt gegen die Ehrlichkeit des Isokrates einen Vorwurf, von welchem wir diesen vollauf reinzuwaschen hoffen. Siebeck sagt: ‚wie aus § 12 erhellt, diente der Hinweis auf die Erlernung der γράμματα den Sophisten nur als Beispiel (παράδειγμα φέροντες) und sollte demnach wohl nur besagen, dass sie ihren Schülern die Redefertigkeit zu einer ebenso leicht erlernbaren und unfehlbaren Sache zu machen vermöchten, wie ihnen dies früher die Erlernung des Schreibens gewesen sei. Wenn die Sache so liegt, so hat Isokrates in dem, was er zur Kritik dieser Prahlerei vorbringt, sich gegen seine Gegner allerdings selbst eines einigermassen sophistischen Mittels bedient. Den Begriff der γράμματα lässt er im Verlauf seiner Kritik gleichsam unvermerkt eine Bedeutung annehmen, die weiter reicht als die, welche jene in den Sinn genommen hatten: aus der Bedeutung ‚Schreibkunst‘ macht er nämlich die der Schriftstellerei; am deutlichsten zeigt sich dies in der letzten Antithese, die er auf Grund dessen zwischen λόγοι und γράμματα zustande bringt. τοὺς μὲν λόγους κ. τ. λ. § 13.‘ Dies ist aber durchaus unrichtig. Isokrates hält vielmehr ehrlich an der von den Sophisten geschaffenen Vergleichung fest. Wie ich oben sagte, hatte die von den Rhetoren angesetzte Parallele von γράμματα und λόγοι eine gewisse Berechtigung. Isokrates entgegnet aber: die γράμματα, von der Sprache ein für allemal zu Wörtern zusammengesetzt, geben immer wieder eben

Im dritten Theile seiner Rede kommt Isokrates auf die zu seiner Zeit schon verstorbenen Verfasser von

dieselben Wörter: die *εἴδη* aber geben in neuer Zusammensetzung immer wieder neue Reden, weil die Umstände, unter welchen die Rede gehalten wird, das lebendige, jedesmal neu anordnende Element sind: ist in diesem Sinne die von Siebeck verdächtigte Antithese *τοὺς μὲν γὰρ λόγους οὐχ οἷόν τε καλῶς ἔχειν, ἢν μὴ τῶν καιρῶν καὶ τοῦ πρεπόντως καὶ τοῦ καιρῶς (ἔχειν) μετάσχωσιν, τοῖς δὲ γράμμασιν οὐδενὸς τούτων προσεδέηοεν* nicht vollständig sinngemäss? Siebeck kommt aber dann noch zu einer weiteren schiefen Auffassung: ‚von dieser Grundlage ausgehend sucht Isokrates nun den heterogenen Charakter einerseits der gesprochenen Rede, andererseits der schriftlichen Darstellung aufzuzeigen; in der Art aber, wie er dies thut, liegt zwar nichts, was ausdrücklich einen Vorzug des geschriebenen vor dem gesprochenen Worte behauptete (!), aber aus dem Munde des Mannes, der sich im Gegensatz zu der gerichtlichen Rhetorik seinerseits auf seine Kunst des Redenschreibens etwas zugute that, konnte die scharfe Hervorhebung jenes Unterschiedes unwillkürlich (!) als eine Bevorzugung der *γράμματα* vor den *λόγοι* erscheinen, und selbst wenn nicht dies der Fall gewesen wäre, so war das Geflissentliche dieser Untersuchung danach angethan, Plato gelegentlich zu einer Darlegung seiner Auffassung derselben (im Sinne der Hintansetzung der Schrift gegen die mündliche Rede) zu veranlassen.‘ Von alledem ist nichts richtig als der Schluss, dass Plato wohl durch die Äusserungen des Isokrates zu seiner sinnverwandten Darlegung veranlasst wurde. Was soll es heissen, dass Plato ‚unwillkürlich‘ die scharfe Hervorhebung jenes Unterschiedes als Bevorzugung der *γράμματα* vor den *λόγοι* schien? Gewiss nur ‚unwillkürlich‘, denn aus der Rede des Isokrates konnte Plato gerade so wie wir nur das directe Gegentheil herauslesen! Es fällt dem Isokrates gar nicht ein, die *γράμματα* vor den *λόγοι* zu bevorzugen, sondern er setzt sich — wie ich zeigte — gerade für die *λόγοι*, deren Lebensfähigkeit er im Gegensatz zu den *γράμματα* verficht, ein. Freilich muss er sich von Plato sagen lassen, dass seine vermeintlich ‚lebendigen‘ *λόγοι* ebenso *ἔν τι σημαίνει ἀεί* wie die *γράμματα*, denen er dies zum Vorwurf gemacht hatte.

Schon Susemihl ist (De Platonis Phaedro etc. p. VI) gegen die von Siebeck aufgestellten Behauptungen (sie erschienen das erstemal in den Jahrb. f. Phil. 1885 p. 231 ff., hierauf in unverändertem Abdruck in den 1888 erschienenen ‚Untersuchungen zur Philosophie der Gr. p. 135) mit dem Hinweis auf dessen missverständliche Auffassung von *γράμματα* und *λόγοι* aufgetreten,

Lehrbüchern der Rhetorik zu sprechen; er wirft ihnen
vor, dass sie den Unterricht im *γένος δικανικόν* an die
Spitze ihres Lehrprogrammes stellen, während dies doch
nur ein Theil der Rhetorik sei und zugleich ein *ἔργον φθο-*
ροὑντων. Auch Plato spricht davon, dass die Rhetorik von
den Processrednern misbräuchlich als ureigenes Betriebs-
feld betrachtet werde: er wie Isokrates weisen auf die
Universalität der Rhetorik hin:

Isokrates § 20	Phaedrus 261 B
καὶ ταῦτα τοῦ πράγματος καθ'	*τὸ μὲν ὅλον ἡ ῥητορικὴ* ....
ὅσον ἐστὶ διδακτόν, οὐ μόνον	*ψυχαγωγία τις διὰ λόγων οὐ*

aber dass auch er die platonischen und isokratischen Äusserungen
nicht in jene Beziehung zu setzen verstand, aus der sich der
von mir gewonnene Zusammenhang ergibt, beweist der Schluss-
satz von Susemihl's Polemik gegen Siebeck: Ergo quae Isocrates
disseruit § 9—13 et quae Plato 275 D E sine ullo sunt inter se
conexu. Andererseits ist das, was Siebeck in den polemischen
Bemerkungen auf Seite 136 gegen Susemihl vorbringt, ganz belang-
los. Etwas unsicher klingen schon die Worte: ‚dass Plato aus
jenem Gegensatze (von *λόγοι* und *γράμματα*) recht wohl den von
gesprochenen und geschriebenen Inhalten heraushören konnte.‘
   Diesmal polemisiert Siebeck aber auch gegen Isokrates selbst
in folgender Weise: ‚Andererseits, wenn Isokrates wirklich mit
γράμματα nur die Buchstaben meinte, so hat er in logischer Beziehung nicht eben glücklich disponiert. Als das *μέγιστον σημεῖον*
der Unähnlichkeit (§ 22 a. E.) zwischen *γράμματα* und *λόγοι* hätte
er dann hinstellen müssen, was § 12 z. A. steht (dass wir hin-
sichtlich der Buchstaben immer *τοῖς αὐτοῖς περὶ τῶν αὐτῶν χρώμενοι*
διατελοῦμεν, während in den Reden der Inhalt immer ein andrer
sein müsse) nicht aber das in § 13 Gesagte. Denn auch von
den Buchstaben dürfte gelten, was hier von den
Reden behauptet wird, dass bei ihrem Gebrauche
man die *καιροί* und das *πρέπον* beachten müsse (um z. B.
nicht unorthographisch zu schreiben).‘ Die Unrichtig-
keit dieser Einwände ist so in die Augen fallend, dass mir eine
Widerlegung überflüssig dünkt. Wie wohl Siebeck — um nur dies
Einzige zu bemerken — sich bei den *γράμματα* nicht nur
καιροί sondern auch ein *πρεπόντως* und *καινῶς ἔχειν* vorstellt,
will mir nicht einleuchten. Aber an sich sind die Disjunctionen
bei Isokrates von so lichtvoller Klarheit, dass man sie wirklich
erst misverstehen muss, um sie dann corrigieren zu wollen.

πρὸς τοὺς δικανικοὺς λόγους ἢ   μόνον ἐν δικαστηρίοις καὶ ὅσοι
πρὸς τοὺς ἄλλους ἅπαντας ὡφε-   ἄλλοι δημόσιοι λόγοι . . . . ἡ
λεῖν δυναμένου.   αὐτὴ σμικρῶν τε καὶ μεγάλων
                                   πέρι.

Aber bei Isokrates kann diese Entrüstung nur eine
äußerliche bleiben, insofern er ja auch die Processrede
in sein Programm aufgenommen hat. Plato aber deckt im
Phaedrus die unwürdigen Winkelzüge dieses γένος scho-
nungslos auf. Das ist also der Unterschied in dem beider-
seitigen Plaidoyer für die Universalität der Rhetorik: Isokrates bemüht sich nur das γένος πολιτικόν dem ἐπιδεικτικόν
und δικανικόν gleichzustellen, Plato's Rhetorik umfasst alle
Äußerungen des Lebens — ἡ αὐτὴ σμικρῶν τε καὶ μεγάλων
πέρι — die mit Beobachtung jener drei Cardinalbedin-
gungen gesprochen werden.

Betrachten wir in einem Überblick die Beziehungen,
welche zwischen der Sophistenrede und dem Phaedrus
zutage liegen, so bekommen wir den Eindruck, dass die
Gedanken des Isokrates Ansätze — aber auch nur dies
— zum Richtigen und Lebensfähigen enthalten. Plato
empfängt so manche bedeutsame Anregung aus ihnen,
— so verdanken wir vielleicht die Äußerungen über Schrift
und Rede, die einige Zeit zum Angelpunkt der ‚Platonischen Frage‘ gemacht wurden, der Anregung des Rhetors — und geht daran, das was er vorfindet, zu vertiefen.
Was Isokrates gegen die Sophisten einwendet, kann Plato
gutheißen, aber er kann nicht befriedigt sein von dem,
was Isokrates an die Stelle der sophistischen ἐπιστήμη
setzen will; er ist gleicher Meinung mit Isokrates im
Kampfe gegen das Überwuchern des rein Mechanischen
in der Rhetorik; aber unzulänglich ist, was Isokrates mit
dem Hinweis auf Talent und Übung als neue Methode
vorschlägt. Plato muss die sittliche Zweckbeziehung, die
Isokrates der Rhetorik gibt (§ 21 πολὺ ἂν θᾶττον πρὸς ἐπι-
είκειαν ἢ πρὸς ῥητορείαν ὠφελήσειεν) gutheißen; sagt er ja
selbst im Phaedrus, die gewöhnliche Rhetorik sei ein

48

Mittel, sich mit Menschen zu verständigen: wer die wahre
philosophische Rhetorik sich aneignen werde, der werde,
den Göttern zu gefallen die Menschen außer Acht
lassend, die Rhetorik aufgeben und die Philosophie be-
halten. Aber trotz aller dieser Berührungen mit Isokrates,
der mit einem gewissen Takt trifft, was Plato wissen-
schaftlich begründet, bleibt diesem nicht verborgen, dass
dem Isokrates die sittlich-wissenschaftliche Grundlage
fehlt, auf welche die Rhetorik aufgebaut werden muss.
So gilt denn dem Isokrates die Schilderung jenes Redners, der mit Psychologie und Dialektik ausgerüstet an
die Rhetorik herantritt: er weist auch äußerlich unzweideutig auf Isokrates hin. Wir sagten schon oben, dass
dort, wo Plato das isokratische Rednerideal entwirft und
es von der τέχνη losscheidet (269 D), hinter Thrasymachos
auch der Name des Isokrates hinzuzudenken sei. Plato
hatte d o r t keine äußerliche persönliche Hinweisung auf
Isokrates nöthig, weil er ja durch Benützung von Gedanken und Worten desselben für ihn deutlich genug war.
Aber es erscheint bemerkenswert, dass Plato wiederholt,
wenn er seine eigenen Forderungen an die Rhetorik begründet und auf die anderen Zeitgenossen hinweist, außer
den namentlich angeführten Lysias Tisias Thrasymachos
consequent noch einen τὶς ἄλλος nennt, den in der schlech-
ten Gesellschaft zu sehen ihm augenscheinlich in der
Seele weh thut: so 271 A [53]), 272 C [54]), 277 D [55]), 278 C [56]).
In Bezug auf das platonische Rednerideal muss sich also Isokrates mit allen anderen Rhetoren auf e i n e Stufe stellen
lassen, und dass Plato ihn dem Lysias vorzieht, begrün-

---

[53]) δῆλον ἄρα ὅτι ὁ Θρασύμαχός τε καὶ ὅς ἄν ἄλλος σπουδῇ
τέχνην ῥητορικὴν διδῷ, κ. τ. λ.

[54]) ἀλλ' εἴ τινά πῃ βοήθειαν ἔχεις ἐπακηκοὼς Λυσίου ἤ τινος
ἄλλου, κ. τ. λ.

[55]) ὡς εἴτε Λυσίας ἤ τις ἄλλος πώποτε ἔγραψεν ἤ γράψει, κ. τ. λ.

[56]) . . . φράζε Λυσία, ὅτι νὼ καταβάντε εἰς τὸ Νυμφῶν νᾶμά
τε καὶ μουσεῖον ἠκούσαμεν λόγων, οἳ ἐπέστελλον λέγειν Λυσίᾳ τε καὶ εἴ
τις ἄλλος συντίθησι λόγους, κ. τ. λ.

det er ja auch ausdrücklich nur in Bezug auf einen guten
Kern, welchen er in ihm keimen sieht (*ἀμείνων . . . τὰ
τῆς φύσεως*). ‚So wäre es kein ʼWunder,‘ meint Plato, —
‚wenn er bezüglich eben der Reden, mit denen er sich
jetzt beschäftigt, Alle, die sich mit Reden abgeben, wie
Kinder hinter sich zurückließe‘; die *λόγοι, οἷς νῦν ἐπιχειρεῖ,*
sind Reden wie die gegen die Sophisten; sie enthielt
neue sittliche, wenn auch nicht tiefbegründete Gedanken.
Aus ihr entnahm Plato die Hoffnung, den Isokrates an
seiner Seite gegen Rhetoren und Sophisten kämpfen zu
sehen; oder, wenn ihm dies nicht genügte, so könnte
er das durch die Tendenz derartiger Reden gegebene und
bedingte Negative abstreifen und *ἐπὶ μείζω δή τις αὐτὸν
ἄγοι ὁρμή, θειοτέρα· φύσει γὰρ ἔνεστί τις φιλοσοφία τῇ τοῦ ἀνδρὸς
διανοίᾳ.* Treffend weisen diese Worte dem Isokrates den
Weg, den er betreten soll, um zu dem *μείζω* — jener
wahren Rhetorik — zu gelangen, welche, wie Plato zeigt,
nur auf dem Wege der Philosophie erlangt werden kann.

------&<>------

INHALT

Pag.

Cap. I. Isocr. XIII § 17 ff. und Plato Phaedr. 269 D ff. in ihrem
chronologischen Verhältnis zu einander 1

Cap. II. Die Usener'sche Hypothese 22

Cap. III. Die Prophetie im Phaedrus und ihre Beziehungen zu
Isocr. XIII § 1—8 29

Cap. IV. Andere Berührungspunkte zwischen der XIII. Rede und
dem Phaedrus 40

Prager

mit Unterstützung des k. k. Unterrichts

herausgegeben von

Otto Keller,

Professor an der k. k. deutschen Karl-Ferdinands-Universität.

I. Heft. Dr. *Josef Dorsch,* Assimilation in den Compositis bei Plautus und Terentius. 8⁰. 50 Seiten. 1887. Mk. —.90 (fl. —.45).
II. Heft. *Jos. Thüssing,* De temporum et modorum in enuntiatis pendentibus apud C Plinium Secundum usu fasc. I. 8⁰. 68 Seiten. 1890. Mk. 1.20 (fl. —.60).
III. Heft. *Anton Ludewig,* Quomodo Plinius Major, Seneca Philosophus, Curtius Rufus, Quintilianus, Cornelius Tacitus, Plinius Minor particula quidem usi sint. Fasc. I. 8⁰. 76 Seiten. 1891. Mk. 1.40 (fl. .70).

Prager Studien aus dem Gebiete der class. Alterthums-wissenschaft

(Neue Folge der „Prager philol. Studien".)

Heft I. *J. Jöhring,* De particularum ut, ne, quin, quo minus apud L. Annaeum Senecam philosophum vi atque usu.
Heft II. *Roland Herkenrath,* De gerundii et gerundivi apud Plautum et Cyprianum usu.
Heft III. *Josef Stiglmayr,* Eine alte Regensburger Handschrift des sogenannten Homerus latinus.
Heft IV. Dr *Eugen Holzner,* Plato's Phaedrus und die Sophistenrede des Isokrates.

Der Saturnische Vers, zweite Abhandlung. Von *Otto Keller,*

Professor an der k. k. deutschen Karl-Ferdinands-Universität. 8⁰. 42 Seiten. 1886. Mk 1.— (fl. —.50).

Beiträge zur Kritik des Horazscholiasten Porphyrion.

Von Dr. *Franz Pauly.* I. Heft. 8. 68 Seiten. 1876. Mk. 1.76 (fl. —.88). — II. Heft. Nebst Nachträgen zu den Scholien der Oden, Epoden und des Carmensaeculare. 8⁰. 42 Seiten. 1877. Mk. 1.20 (fl. —.60).

Die unregelmässigen Verba der latein. Sprache mit ihren

gebräuchlichen Redensarten nach den »Instructionen« bearbeitet von Dr. *G. Hergel.* kl. 8⁰. 44 Seiten. Mk. —.60 (fl. —.30).

Lateinische Übungssätze zur Casuslehre aus Q. Curtius

Rufus im Anschlusse an die Lateinische Schulgrammatik von K. Schmidt und die Memorabilia Alexandri Magni von K. Schmidt und O. Gehlen zusammengestellt von *Friedrich H. Korb,* k. k. Professor. 8⁰. 42 Seiten. 1887. Mk. 1.— (fl. —.50).